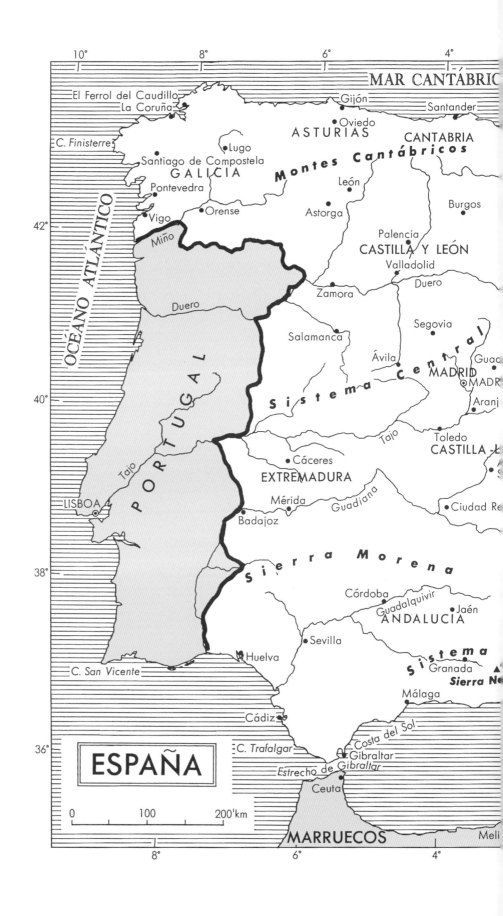

FRANCIA

San Sebastián

P i r i n e o s

ANDORRA

Pamplona

NAVARRA

CO

JA

Figueras

42°

Huesca

ARAGÓN

CATALUÑA

Gerona

Zaragoza

Lérida

Sabadell
Tarrasa

Costa Brava

Ebro

Barcelona

enza

Tarragona

Tortosa

Teruel

I S L A S   B A L E A R E S

Menorca

40°

Cuenca

Castellón

Mahón

Palma

HA

VALENCIA

Valencia

Mallorca

Júcar

Albacete

Ibiza

Alicante
Elche

Costa Blanca

38°

bético

Murcia

MURCIA

Cartagena

M A R   M E D I T E R R Á N E O

ía

OCÉANO ATLÁNTICO

Lanzarote

ISLAS CANARIAS

La Palma

Fuerteventura

Sta. Cruz
de Tenerife

Gomera

Teide

Las Palmas
de Gran
Canaria

Tenerife

28°

Hierro

16°

Gran Canaria

14°

2°

¡Acción!

Aprendemos más

Mizue Shinomiya
Sae Ochiai
Paloma Trenado Deán

HAKUSUISHA

──── 音声ダウンロード ────

この教科書の音源は、白水社ホームページ（www.
hakusuisha.co.jp/download/）からダウンロードすること
ができます。（お問い合わせ先：text@hakusuisha.co.jp）

イラスト　　櫻井 征子
写真提供　　四宮 瑞枝
　　　　　　Paloma Trenado Deán
　　　　　　Shutterstock
音声吹込　　Paloma Trenado Deán
　　　　　　Juan Carlos Burgos
　　　　　　Georgina Romero

は じ め に　—ライト版 2（ステップアップ編）発行にあたって—

　本書は、『アクシオン！《ライト版》』で第二外国語として初級スペイン語を学んだ後、さらにステップアップを目指す中級クラスを対象としています。私たちは、大学における第二外国語学習の大きな意義の一つは異文化能力を育成することにあると考え、そのための教材作成に取り組んできました。文法学習、語彙習得、コミュニケーション活動といった外国語学習の基本的要素をしっかり押さえながら、社会文化的な事柄への関心を高め、自他の文化に対する気づきを重ねていく、そんな授業を実践したいという願いは中級レベルでも変わりません。

　異文化学習の基本は自分の考え方や感じ方が異文化という鏡に照らし出されることにあるという視点に立ち、本書でもすべての課にテーマ性を持たせ、例文や練習問題の一つ一つにも学習者自身が入り込めるような身近な場面を設定するとともに、各テーマに沿った問題提起となるようなスペイン語圏諸国の文化情報を取り上げています。また、限られた教室空間を超えて広くスペイン語圏の社会文化に触れてもらうために、多様な映画の紹介にも力を入れています。

　この度、『アクシオン！《ライト版 2》ステップアップ編』を上梓させていただくにあたり、皆様から頂きました貴重なご意見及びご要望を踏まえ、直説法現在形の復習から接続法過去及び過去完了までを概観し、この 1 冊でスペイン語文法の土台を身に着けられるように組み立てました。

　本書が、スペイン語圏の多種多様な文化と自文化の発見を楽しみながら、スペイン語学習を進めるための一助となれば、著者一同これに勝る喜びはありません。最後に、常に鋭いご助言と的確な対応で私たちを支えてくださった白水社編集部の鈴木裕子氏に、この場をお借りして心から御礼申し上げます。

Presentación

　"**¡Acción! Aprendemos más**" es la continuación de "¡Acción! Primeros pasos", un método diseñado para alumnos universitarios de nivel intermedio interesados en seguir sus estudios de español como segunda lengua extranjera. Así mismo, toda la serie ¡Acción! está indicada para aquellos profesores que pretenden dar al elemento cultural un papel protagonista en la clase de idiomas, desarrollando tanto el aprendizaje lingüístico como el sociocultural, y este libro no es ninguna excepción.

　La lengua no es un hecho aislado, sino que cobra todo su sentido dentro del contexto social donde se desarrolla. El planteamiento metodológico de "¡Acción!" se fundamenta en el concepto de interculturalidad, que subraya la importancia de la interacción de las culturas de origen del estudiante y de la lengua objeto de estudio con el fin de conseguir la comprensión de ambos contextos socioculturales. Para ello, intentamos presentar variedades lingüísticas y culturales tanto de España como de Hispanoamérica, basándonos en el español estándar con el objetivo de propiciar una comunicación adecuada en estos países. También se ofrece una selección de prestigiosas películas en español, de fácil acceso para los alumnos, ya que el cine es una herramienta ideal para dar a conocer e integrar los elementos culturales.

　En este segundo nivel se incluye desde un repaso del presente de indicativo hasta la presentación del pluscuamperfecto del subjuntivo, abarcando así la base de la gramática española. Al mismo tiempo la vertiente intercultural está presente a lo largo de todo el manual con el fin de motivar el aprendizaje.

　Esperamos que este pequeño libro sea de ayuda para todos los que quieran conocer más la lengua y la cultura tanto del mundo hispánico como del propio.

2022 年 10 月　著者一同

目　次　　Índice

5

本書の構成と使い方

1. 本編 12 課：学習したものが順次使えるように組み立ててあります。

①モデル文：学習する文法項目を含み、各課のテーマに沿ったモデル文を、5 人の登場人物とその生活圏に関係付けて提示してあります。

②新出語彙リスト：学習者の身近な話題に対応できるように様々な使用場面を考えて語彙を選択し、練習問題を付けました。

③文法のポイント：初級から中級レベルに必要な範囲を簡潔に説明しています。

④基本練習：文法事項の確認問題です。使用場面が想像できるものを提示しました。

⑤応用練習：行動スタイルや考え方を尋ね合うコミュニケーション活動や聴き取り問題です。

⑥みんなで話そう：テーマに関連する社会文化情報と皆で考える話題を提示しています。

2. 発展練習：時間的余裕があるクラス向けの補足情報、補足練習のためのページです。

①スペイン語圏の文化に親しもう：写真を多用し、様々な文化を知るページです。

②映画でスペイン語：各課のテーマに関係する映画で、日本で入手可能なものを選び、学習事項を含む表現とともに紹介しています。

③読んでみよう：テーマに関連する簡単な読み物を読み、自由作文を書く活動です。

④もっと学ぼう：意欲的なクラスのためのプラスの言語情報と練習問題です。

👫 ペアワーク　　👨 グループワーク　　🔊 リスニング

Estructura del libro

"**¡Acción! Aprendemos más**" se compone de 12 lecciones y tres unidades de Expansión.

1. Lecciones de aprendizaje. Constan de los siguientes apartados:

① Un sencillo *Diálogo* como muestra de lengua.

② Presentación del *Vocabulario* que el estudiante necesitará utilizar.

③ *Gramática*, donde se explican las estructuras para las funciones comunicativas.

④ *Ejercicios de práctica gramatical* que contribuyen a la consolidación.

⑤ *Actividades comunicativas* para construir la capacidad para escuchar y comunicarse oralmente.

⑥ *Pensemos y hablemos*, para fomentar la reflexión y el diálogo cultural.

2. Expansión: Se incluyen tres unidades para profundizar en lo aprendido a través de las siguientes actividades:

① *Conoce el mundo hispanohablante*, presentación visual de contenidos culturales.

② *¡Vamos al cine!*, selección de escenas de películas que tratan de varios temas del mundo hispanohablante como muestra de lengua y/o cultura.

③ *Lee y escribe*, prácticas para la comprensión y expresión escrita sobre los temas estudiados.

④ *Aprende un poco más*, para las clases que quieran seguir avanzando en los aprendizajes.

👫 En parejas　　👨 En grupos　　🔊 Audio

スペイン語のクラスで先生が尋ねます。El profesor pregunta a los estudiantes. ◀02

— Chicas, ¿por qué estudiáis español?

— Porque me encanta estudiar idiomas y tengo una amiga mexicana. Además, en muchos países hablan español. Me parece muy importante.

— A mí me gusta la Liga Española. Juego al fútbol dos veces a la semana. Pienso ir a España para ver los partidos de mi equipo favorito.

スペイン語の上達法 Actividades para aprender español ◀03

| hablar | viajar | escribir | hacer | aprender | oír | ver | leer |

películas　　libros　　música　　con los nativos

listas de vocabulario　　la gramática　　a países hispanohablantes　　mensajes

◆ 動詞と語句を結びつけて、実行しているスペイン語の上達法を尋ね合いましょう。Relaciona y después pregunta a tu compañero qué hace para mejorar su español.

EJ. ¿Ves películas en español? —No, no las veo, pero oigo música en español.

GUSTAR 形の動詞（復習）Verbos del tipo *gustar* (REPASO) ◀04

| gustar | encantar | interesar | molestar |

◆ 以下のいずれかを使って返答しましょう。Reacciona con alguna de las siguientes frases.

A mí también. / A mí no. / A mí tampoco. / A mí sí. / Yo también. / Yo no. / Yo tampoco. / Yo sí.

1) Doy un paseo todos los domingos.

2) Me encanta ir de compras.

3) Por la noche prefiero estar en casa.

4) No me interesa aprender a cocinar.

5) No veo películas de terror.

6) Me molestan los ruidos de la calle.

1 直説法現在の活用のまとめ　Conjugación del presente de indicativo

規則活用

TRABAJAR	
trabaj**o**	trabaj**amos**
trabaj**as**	trabaj**áis**
trabaj**a**	trabaj**an**

LEER	
le**o**	le**emos**
le**es**	le**éis**
le**e**	le**en**

ESCRIBIR	
escrib**o**	escrib**imos**
escrib**es**	escrib**ís**
escrib**e**	escrib**en**

不規則活用

(1) 1 人称単数が不規則

CONDUCIR	
conduzco	conducimos
conduces	conducís
conduce	conducen

conocer → **conozco**

poner → **pongo**

traer → **traigo**

dar → **doy**

saber → **sé**

ver → **veo**

hacer → **hago**

salir → **salgo**

(2) 語根母音変化

CERRAR	
cierro	cerramos
cierras	cerráis
cierra	cierran

VOLVER	
vuelvo	volvemos
vuelves	volvéis
vuelve	vuelven

REPETIR	
repito	repetimos
repites	repetís
repite	repiten

(3) その他の不規則活用

SER:　soy, eres, es, somos, sois, son

ESTAR:　estoy, estás, está, estamos, estáis, están

TENER:　tengo, tienes, tiene, tenemos, tenéis, tienen

VENIR:　vengo, vienes, viene, venimos, venís, vienen

IR:　voy, vas, va, vamos, vais, van

DECIR:　digo, dices, dice, decimos, decís, dicen

OÍR:　oigo, oyes, oye, oímos, oís, oyen

2 PARECER

PARECER「〜のように見える、思われる」は gustar 型の動詞で、「思っている人」を間接目的語、「思う対象」を主語で表します。後に続く形容詞は主語に性数一致します。

Estos libros me parecen un poco aburridos.

¿Qué os parece el plan para el viaje?

—A mí me parece muy interesante. —A mí también.

"que ＋文"を従えて、状況がどのように見えるかを表すこともできます。GUSTAR と異なり、間接目的人称代名詞が無い場合もあります。

(Me) parece que va a llover pronto.

1. 枠内の疑問詞を必要なら適切な形にして（　）に入れ、動詞を直説法現在形に活用させて応答を完成させましょう。 Conjuga los verbos y completa con los interrogativos del recuadro en la forma correcta.

cómo	cuál	cuánto	cuándo	dónde	por qué	qué	quién

1) ¿(　　　　) [poder] _____ venir mañana? —Yo.

2) Tenemos estos modelos. ¿(　　　　) [preferir] _____ usted? —Me gusta este.

3) ¿A (　　　　) hora [salir] _____ el tren de Atocha?
   —No [saber, yo] _____. Creo que a las 5:00 de la tarde.

4) ¿(　　　　) me [traer, tú] _____ la bicicleta? —Te la _____ mañana.

5) ¿(　　　　) horas [dormir] _____ vosotros? —Normalmente siete horas.

6) ¿(　　　　) [poner, yo] _____ la llave? —Ahí, por favor.

7) ¿(　　　　) [querer, tú] _____ tu café? —Con leche y azúcar. Gracias.

8) En la tele [decir, ellos] _____ que hoy [ir] _____ a hacer buen
   tiempo. ¿(　　　　) no [dar, nosotros] _____ un paseo? —Muy bien.

2. SER, ESTAR, TENER, HABER の直説法現在形を入れて、文を完成させましょう。Completa con los verbos *ser, estar, tener* o *haber.*

1) ¿Qué te pasa? —Creo que (　　　　) resfriada. (　　　　) fiebre de 38 grados.

2) En nuestra universidad (　　　　) dos cafeterías, pero hoy (　　　　) cerradas.

3) Mi abuela (　　　　) ochenta años y (　　　　) muy bien.

4) Me gusta esta tienda porque (　　　　) cerca de mi casa y la ropa (　　　　) barata.

3. 動詞を直説法現在形に活用させ、（　）内に適切な語を入れて文を完成させましょう。Conjuga los verbos y completa.

1) (　　　　) mis padres les [gustar] _____ mucho las canciones latinas.

2) ¿A (　　　　) te [interesar] _____ aprender coreano?

3) ¿A usted y a su familia (　　　　) [gustar] _____ viajar?
   —Sí, (　　　　) [encantar] _____.

4. （　）内に PARECER の直説法現在形を入れ、[　] 内の語を適切な形に変えて下線部に書きましょう。Completa con el verbo *parecer* y escribe la forma correcta de los adjetivos entre corchetes.

1) ¿Qué te (　　　　) estos pendientes? —Me (　　　　) muy _____. [bonito]

2) A mi marido le (　　　　) que esta casa es demasiado _____. [caro]

1. 質問には PARECER の活用形、答えには枠内の語を使って、各テーマについて話し合いましょう。Habla con tus compañeros usando el verbo *parecer* para preguntar y las palabras del recuadro para responder.

> ¿Qué te parecen las clases de gramática?
>
> —A mí me gustan. Me parecen interesantes. —A mí me parecen aburridas.

bien / mal	aburrido / divertido / interesante	triste	fácil / difícil

	Yo	Mi compañero/a
1) estudiar en el extranjero		
2) los grupos de K-pop		
3) viajar solo/a		
4) compartir piso		

2. 以下の活動について指示された疑問詞を使って尋ね合い、クラスで発表しましょう。Pregunta a tus compañeros sobre sus hábitos diarios y preséntalos al resto de la clase.

> 例1　ver la televisión / cuándo → ¿Cuándo ves la tele? —La veo después de la cena.
>
> 例2　Sayuri ve la tele todos los días y estudia español los viernes por la tarde.

1) dormir / cuántas horas
2) hacer los domingos / qué
3) querer viajar / a dónde
4) estudiar español / por qué

3. 音声を聞いて以下の文の誤りを訂正しましょう。Escucha y corrige la información. ◀05

1) A Ken le parece divertido estudiar idiomas.
2) Miki estudia chino y coreano.
3) Ken habla con una amiga española.
4) Miki oye música en español.

みんなで話そう　Pensemos y hablemos

▶ **¿En cuántos países se habla español como primera lengua oficial?**

現在世界には 3000 から 8000 ぐらいの言語があると言われていますが、その中で、スペイン語はスペインやラテンアメリカ諸国など計 21 の国や地域の第一公用語（**primera lengua oficial**）となっている圧倒的な広域言語で、その母語話者数は全世界で 5 億近くに上ります。インターネット上では、英語、中国語に次いで 3 番目に多く使われているという報告がある他、外国語としての学習者数は  2021 年の時点で 2400 万人を超えているということです。アメリカ合衆国では全人口の 20％弱を占めるヒスパニック（**hispanos**）の家庭内言語であり、継承言語（**lengua de herencia**）として尊重され、公用語扱いされている州もあります。日本でも外国人の長期滞在者が増加していますが、彼らは日常どんな言語を話し、その子供たちは学校でどのような言語教育を受けているのでしょうか。

2 ルーツをたどる
La historia de mi familia

María の母 Rosa が祖父の足跡をたどります。La madre de María habla sobre su abuelo.　◀06

> Mi abuelo nació en Okinawa en 1912. A los 23 años se fue a Perú porque un tío suyo le dio trabajo allí. Cuando llegó, empezó a trabajar en la peluquería de la familia. En Perú conoció a mi abuela y a los 25 años se casaron.

人生の出来事 La vida　◀07

nacer　　entrar en la universidad　　terminar la carrera　　empezar a trabajar

conocer a su novio/a　　casarse con...　　divorciarse de...　　cambiarse de casa

dejar el trabajo　　abrir un negocio　　jubilarse

◆ 以下は加奈の母の半生記です。絵に合う動詞句を書き入れましょう。Escribe el verbo que corresponda.

en 1975	a los 18 años	a los 22 años	a los 26 años

a los 31 años	a los 33 años	a los 45 años	a los 47 años

時の表現 I Marcadores temporales I　◀08

ayer　　anoche　　la semana pasada　　el año (mes) pasado　　en 2018

hace 10 años　　10 años después / a los 10 años　　antes de...　　después de...

luego　　después　　más tarde　　al final

◆ 以下の文に合う表現を選びましょう。Elige la expresión adecuada.

1) Me levanté* a las 6 <u>ayer / el año pasado</u>.　　　　　(*Me levanté ← levantarse)

2) Su familia empezó* a vivir en esta ciudad <u>en 2007 / hace una hora</u>.　(*empezó ← empezar)

3) Mi abuelo nació* <u>un año antes de la Segunda Guerra Mundial / el lunes pasado</u>.

(*nació ← nacer)

文法のポイント　Gramática

1 直説法点過去：規則活用　Pretérito perfecto simple de indicativo: verbos regulares

HABLAR		COMER		VIVIR	
hablé	hablamos	comí	comimos	viví	vivimos
hablaste	hablasteis	comiste	comisteis	viviste	vivisteis
habló	hablaron	comió	comieron	vivió	vivieron

★ 綴りに注意する動詞：

LEER: leí, leíste, leyó, leímos, leísteis, leyeron　　LLEGAR: llegué　　EMPEZAR: empecé

VER: vi, viste, vio, vimos, visteis, vieron

2 直説法点過去：不規則活用Ⅰ　Pretérito perfecto simple de indicativo: verbos irregulares I

SER, IR		DAR	
fui	fuimos	di	dimos
fuiste	fuisteis	diste	disteis
fue	fueron	dio	dieron

Juan fue profesor y después escritor.

Ayer fui al ayuntamiento para sacar un documento.

¿Quién te dio mi número de teléfono? —Me lo dio tu hermana.

3 直説法点過去の用法　Usos del pretérito simple de indicativo

点過去は、過去においてある出来事が完結したことを表します。一瞬の出来事も長期間継続した出来事も、完結したものとして捉えると点過去が使われます。

Nací en Osaka en 2003, viví diez años allí y después me fui a vivir a Nagoya.

4 再帰動詞（復習）　Verbos reflexivos: REPASO

CASARSE	
me casé	nos casamos
te casaste	os casasteis
se casó	se casaron

¿En qué año os casasteis? —En 2005.

（再帰代名詞は活用している動詞の直前に置きます）

Al casarnos, compramos una casa.

（動詞が不定詞のときは不定詞の後につけます）

(1)「自分自身を～する」：再帰代名詞が直接目的語の役割をします。

¿A qué hora te levantaste ayer? —Me levanté a las siete.

(2)「自分の体に対して…を～する」：再帰代名詞が間接目的語の役割をします。

Nos lavamos las manos y empezamos a comer.

(3)「互いに～し合う」：主語は常に複数形になります。　Nos conocimos en 2015.

(4) 動詞本来の意味を変えたり強調したりします。　　¿Por qué te fuiste sin decirme nada?

1. 以下の動詞の不定詞と主語（yo, tú, él, nosotros, vosotros, ellos）を言いましょう。Di la forma en infinitivo y el sujeto de cada verbo.

1) abriste 　　　　2) trabajamos 　　　　3) compraron 　　　　4) dio

5) empezasteis 　　6) conocimos 　　　　7) pagué 　　　　　8) oyeron

9) leyó 　　　　　10) cerré 　　　　　11) volvisteis 　　　　12) saliste

2. 動詞を点過去に活用させ、会話文を完成させましょう。Completa con el pretérito perfecto simple.

A : ¿A qué hora (levantarse, tú) [1] _____ ayer?

B : Muy tarde, a las 8:15. (Salir, yo) [2] _____ de casa a las 8:50.

A : ¿(Llegar, tú) [3] _____ a tiempo a la universidad?

B : Sí. Luego (asistir, yo) [4] _____ a la clase de informática. A las 12:30 (comer, yo)
　　[5] _____ con unos compañeros en la cafetería.

A : ¿Después (irse, vosotras) [6] _____ a casa?

B : No. Mis compañeros (volver) [7] _____ a la universidad para la clase de inglés.
　　Yo (llamar) [8] _____ a mi novio y (quedar, nosotros) [9] _____ para ir
　　al cine.

3. 動詞を点過去に活用させ、文を完成させましょう。Completa con el pretérito perfecto simple.

1) ¿Le (dar) _____ usted mi teléfono al señor Ruiz?
　 —Sí, se lo (dar) _____ cuando (ir, yo) _____ a su casa.

2) ¿Qué te (parecer) _____ la película?
　 —Muy buena. Me (gustar) _____ mucho.

3) ¿Por qué (dejar, tú) _____ el trabajo?
　 —Porque (empezar, yo) _____ un nuevo negocio.

4) Ellos (trabajar) _____ mucho y al final (abrir) _____ su propia tienda.

5) Goya (nacer) _____ en 1746 y a los 13 años (entrar) _____ en un
　 taller para aprender a pintar.

4. 点過去形または不定詞の適切な形に変えましょう。Escribe los verbos en forma correcta.

1) ¿Qué quieres hacer al (jubilarse) _____?

2) Mónica y Gerardo (casarse) _____ en 2000, pero (divorciarse) _____
　 dos años después.

3) Vendimos todos los libros antes de (cambiarse) _____ de casa.

1. 以下の活動を最後に行ったのはいつかを尋ね合いましょう。Pregunta a tu compañero cuándo hizo estas actividades por última vez.

cenar con tus amigos → ¿Cuándo cenaste con tus amigos por última vez?

—Cené el viernes pasado.

1) levantarse antes de las 6   2) llegar tarde a clase   3) cortarse el pelo

4) leer una novela   5) limpiar la habitación   6) recibir un regalo

7) bañarse en el mar   8) ver una película

2. これまでの人生での出来事について、時期や場所など自分の情報を入れてから、クラスメートに尋ねましょう。Historia personal. Completa tu columna y pregunta a tu compañero.

¿Dónde naciste? —Nací en Okinawa.

	Yo	Mi compañero/a
1) nacer (¿dónde?)	*Nací en...*	
2) ir al cine por primera vez (¿con quién?)		
3) empezar a aprender inglés (¿cuándo?)		
4) conocer a tu mejor amigo/a (¿dónde?)		

3. 日系ペルー人の Takeshi が生い立ちを語っています。音声を聞いて質問に答えましょう。Takeshi, un descendiente japonés de Perú, habla sobre su vida. Escucha y contesta a las preguntas. ◀09

1) ¿En qué año nació Takeshi?   2) ¿Dónde empezó a trabajar Takeshi en 1985?

3) ¿Cuántos años trabajó en Japón?   4) ¿En qué año se casó?

5) ¿Por qué se cambiaron de casa?

みんなで話そう　**Pensemos y hablemos**

▶ **¿Cuándo y a dónde fueron los inmigrantes japoneses?**

　日本人の海外移民は明治時代初期のハワイ移住に始まり、その後南米へと広がっていきました。日本が近代化し農村が崩壊する中、多くの人が海外での出稼ぎに活路を求めたのです。ペルーへの移民は1899 年に 790 名が佐倉丸で横浜港から出航したのが始まりで、ブラジルへの移民は 1907 年に 791名が笠戸丸で神戸港から出航したのが最初です。移民たちは過酷な労働や風土病で多くの犠牲者を出しながらも日系人社会（**comunidad japonesa**）を築いていきますが、第二次世界大戦が始まると、敵性外国人として国外追放や強制収容所送りとなるなど大打撃を受けました。日本の経済成長に伴い、1990 年代頃から多くの日系人移民の子孫たちが出稼ぎ労働者として日本にやってきました。日本にいる外国人労働者の状況について気づいたことを話し合いましょう。

3 夏の出来事
El último verano

Patricia が母国メキシコで過ごした夏休みについてクラスで報告しています。
Patricia habla en clase sobre su vuelta a México el verano pasado.

◀10

En las vacaciones del verano pasado volví a México con una amiga japonesa. Ella estuvo una semana en casa de mis padres en Ciudad de México. Alquilamos una bici y dimos un paseo por el centro histórico. A mi amiga le gustaron mucho los murales de Diego Rivera que están en el Palacio Nacional. Fue una semana muy divertida.

Florian Augustin / Shutterstock.com

旅行の準備 Actividades para organizar un viaje ◀11

| comprar un billete | reservar un vuelo por internet |
| cancelar la reserva | hacer un plan |

◆ 旅行の準備を行なう順に並べましょう。Ordena las actividades según las sueles hacer en un viaje.

旅行中の活動 Actividades durante un viaje ◀12

alquilar una bici　　comprar recuerdos　　conducir　　dar un paseo

dormir tres noches　　hacer una excursión　　ir a un parque de atracciones

quedarse en un hostal　　visitar el palacio (el templo, el museo)

◆ 長期休暇に行なった活動を例にならって言いましょう。Di lo que hiciste en las últimas vacaciones.

> **EJ.** En las vacaciones de primavera fui al parque de atracciones de Fuji.

評価を表す形容詞 Juicios de valor ◀13

maravilloso (　　)　　fantástico (　　)　　divertido (　　)　　terrible (　　)

aburrido (　　)　　cansado (　　)　　interesante (　　)　　impresionante (　　)

◆1 肯定的な評価を表す形容詞に○を、否定的な評価を表す形容詞に×を入れましょう。Marca con un círculo los adjetivos positivos y con una cruz los negativos.

◆2 最近の旅行の行き先とその感想をクラスメートに尋ね、学んだ形容詞を使って答えましょう。Pregunta a tu compañero sobre su último viaje y contesta con los adjetivos del recuadro.

> **EJ.** ¿A dónde viajaste por última vez? ¿Qué tal fue el viaje?

文法のポイント　Gramática

1 直説法点過去：不規則活用 II　Pretérito perfecto simple de indicativo: verbos irregulares II

(1) 語根母音変化する -IR 動詞

REPETIR	
repetí	repetimos
repetiste	repetisteis
repitió	repitieron

DORMIR	
dormí	dormimos
dormiste	dormisteis
durmió	durmieron

REPETIR 型（e → i）の動詞　: pedir, sentir, preferir, ...

DORMIR 型（o → u）の動詞：morir, ...

　Ayer Luis se durmió en el tren y volvió muy tarde a casa.

　Nadie contestó, por eso el profesor repitió la pregunta.

★ 語根母音変化する -AR 動詞と -ER 動詞は規則活用

　ENCONTRAR: encontré, encontraste, encontró...　　VOLVER: volví, volviste, volvió...

(2) 語根と語尾が両方不規則な動詞

TENER (tuv-)	
tuve	tuvimos
tuviste	tuvisteis
tuvo	tuvieron

DECIR (dij-)	
dije	dijimos
dijiste	dijisteis
dijo	dijeron

TENER 型の動詞：　estar (estuv-), hacer (hic-), poder (pud-), poner (pus-), querer (quis-)
　　　　　　　　　saber (sup-), venir (vin-), haber* (hub-)

　　　　　　　　　　　　　* haber は 3 人称単数の hubo のみ：Hubo un terremoto ayer.

DECIR 型の動詞：　conducir (conduj-), traer (traj-)

　¿Qué hizo usted el domingo? —No hice nada. Estuve en casa y vi una película.

　¿Por qué no me dijiste la verdad? —Porque no quise molestarte.

2 関係代名詞の que　El relativo *que*

関係代名詞の que を用いて、名詞を修飾する文を名詞の後ろに挿入することができます。このとき、que は挿入された文（例文の下線部）の中で、動詞の主語あるいは直接目的語の役割を果たします。

El libro **que** está encima de la mesa es de mi padre.　← El libro está encima de la mesa.（主語）

El libro **que** me regaló mi abuelo es muy bueno.　←Mi abuelo me regaló el libro.（直接目的語）

La chica **que** te llamó ayer es mi amiga.　← La chica te llamó ayer.（主語）

La chica **que** conocí en la fiesta es chilena.　←Conocí a la chica en la fiesta.（直接目的語）

1. 以下の動詞の不定詞と主語（yo, tú, él, nosotros, vosotros, ellos）を言いましょう。Di la forma en infinitivo y el sujeto de cada verbo.

1) hice　　　　　2) pudisteis　　　3) sintió　　　　4) hubo

5) murieron　　　6) estuviste　　　7) trajo　　　　8) supimos

9) pedisteis　　　10) pusiste　　　11) vine　　　　12) condujeron

2. （　）内の動詞を点過去に活用させましょう。Completa con el pretérito perfecto simple.

1) La abuela no (querer) _____ ir al hospital, por eso el médico (venir) _____ a casa.

2) Ayer (llover) _____ mucho y no (poder, nosotros) _____ salir de paseo.

3) ¿A dónde (ir, tú) _____ anoche? —A ninguna parte. (Estar) _____ en casa.

4) (Tener, yo) _____ que cancelar el viaje porque (morirse) _____ el abuelo.

5) ¿Qué (hacer, vosotros) _____ el fin de semana? —(Dar) _____ una fiesta de cumpleaños. (Poner) _____ música y (bailar) _____ toda la noche.

6) ¿Por qué no me (decir, tú) _____ la hora de la llegada? —Porque no (querer, yo) _____ molestarte.

7) Primero (pensar, nosotros) _____ alquilar un coche pero al final mi marido (preferir) _____ ir en tren.

8) ¿Quién (conducir) _____ hasta aquí?
—Mi madre. Yo no (traer) _____ el carné de conducir.

3. 下線を引いた語句を代名詞に変えて自由に答えましょう。Contesta usando los pronombres.

1) ¿Dónde pusiste el billete?

2) ¿Cuándo supiste la fecha de examen?

3) ¿Quién te trajo este regalo?

4. 例にならい、que を使って（　）内の文を空欄に入れて文を完成させましょう。Escribe la frase usando el relativo *que* como en el ejemplo.

　　　EJ. La chica _que está ahí_ es de Ecuador. (La chica está ahí)

1) El billete _____ no es para hoy. (Compraste el billete)

2) El señor _____ sabe mucho de budismo. (El señor nos enseñó el templo)

3) No me gustó mucho el plan _____ . (Mis hijos me hicieron el plan)

4) La película _____ fue maravillosa. (Vimos la película anoche)

応用練習　Actividades comunicativas

1. Marcos と緑の会話を聞き、足りない情報を補って緑の旅の報告を完成させましょう。動詞は適切な点過去の形にすること。Escucha la conversación y completa el texto. ◀14

El verano pasado Midori (1)＿＿＿＿＿＿＿ de vacaciones a España. Estuvo una semana en casa de su amiga que vive en (2)＿＿＿＿＿＿＿. Primero, ellas visitaron el Museo del Prado y el Palacio Real. Al día siguiente, (3)＿＿＿＿＿＿＿ una excursión a Toledo. Alquilaron un coche y su amiga (4)＿＿＿＿＿＿＿ hasta Toledo. En Toledo visitaron la catedral y (5)＿＿＿＿＿＿＿ un paseo por las calles. Después, se quedaron en un hostal porque no pudieron encontrar un (6)＿＿＿＿＿＿＿ en Toledo. Cuando volvieron a Madrid, (7)＿＿＿＿＿＿＿ unos recuerdos para sus amigos. Fue un viaje muy (8)＿＿＿＿＿＿＿.

2. 最近行った旅行について以下のような情報を尋ね合い、最も興味深い旅行を選んでクラスで報告しましょう。Hablad sobre vuestro último viaje y presentad el más interesante al resto de la clase.

1) ¿A dónde?　　2) ¿Cuándo?　　3) ¿Con quién?　　4) ¿Qué hiciste?　　5) ¿Qué tal el viaje?

3. 太字の語を修飾する部分を自由に考えて文を完成させましょう。Completa libremente la segunda parte de la oración como en el ejemplo.

　　　例　**El edificio** que *está a la derecha* es la biblioteca.

1) Tengo **un amigo** que ＿＿＿＿＿＿＿＿＿＿＿＿＿＿＿＿＿＿.

2) **El libro** que ＿＿＿＿＿＿＿＿＿＿＿＿＿ me parece muy interesante.

3) Vivo en **una casa** que ＿＿＿＿＿＿＿＿＿＿＿＿＿＿＿＿＿＿.

4) Estudio en **una universidad** que ＿＿＿＿＿＿＿＿＿＿＿＿＿＿＿.

みんなで話そう　Pensemos y hablemos

▶ **¿A dónde fuiste el verano pasado? ¿Qué te gustó?**

　　スペインは旅行先として世界的に人気が高く、新型コロナウイルスの影響を受ける前、2019 年の外国人旅行者受け入れ数ランキングではフランスに次いで世界 2 位（日本は 12 位）、国際観光収入ランキングではアメリカに次いで世界 2 位（日本は 7 位）でした。スペインでは観光案内所（Oficina de turismo）が充実しており、世界各国から訪れる観光客に有益な情報が提供され、様々な便宜が図られています。宿泊施設の多様化、体験型ツアーの増加など、旅のスタイルは日々変化していますが、今後どのような旅をしたいかについて話し合いましょう。

4 思い出を語る
Hablar de recuerdos

María が小さい頃の思い出を語ります。María cuenta sus recuerdos de cuando era pequeña. ◀15

> Yo soy de Cuzco. Vine a Japón con mis padres y mi hermana cuando tenía siete años. Mi hermana y yo no hablábamos japonés. Todos los días veíamos programas de dibujos animados, nos gustaban mucho. A veces nos peleábamos, pero siempre estábamos juntas.

子供時代の習慣 Acciones habituales de la infancia ◀16

De pequeño/a...

hablaba por videollamada.

montaba en bicicleta.

leía mucho.

iba a la piscina.

limpiaba la habitación.

me peleaba con mi hermano.

veía un programa de dibujos animados.

aprendía a tocar el piano.

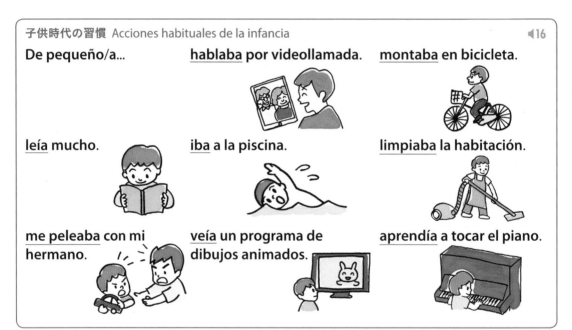

◆1 下線部の動詞の不定詞を言いましょう。Di el infinitivo de los verbos subrayados.

◆2 自分が小さい頃にしていたことを言いましょう。¿Qué hacías de pequeño/a?

家の間取り Partes de casa ◀17

habitación (　)　　cuarto de baño (　)

cocina (　)　　salón (　)　　terraza (　)

entrada (　)　　jardín (　)　　garaje (　)

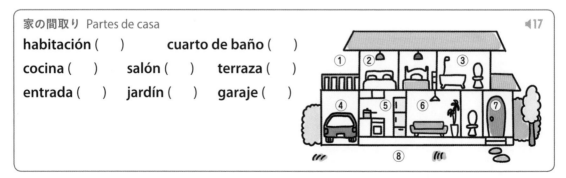

◆ イラストの対応する場所の番号を（　）に入れましょう。Escribe el número correspondiente.

1 直説法線過去　Pretérito imperfecto de indicativo

点過去が完結した出来事をひとまとまりとして表すのに対し、線過去は昔の習慣やある時点における
状況を表します。

Todos los días me levantaba muy temprano.　　*cf*. Ayer me levanté temprano.

Cuando salí de casa, llovía mucho.　　*cf*. Cuando salí de casa, empezó a llover.

規則活用

HABLAR		COMER		VIVIR	
hablaba	hablábamos	comía	comíamos	vivía	vivíamos
hablabas	hablabais	comías	comíais	vivías	vivíais
hablaba	hablaban	comía	comían	vivía	vivían

不規則活用：以下の 3 つのみです。

SER		IR		VER	
era	éramos	iba	íbamos	veía	veíamos
eras	erais	ibas	ibais	veías	veíais
era	eran	iba	iban	veía	veían

2 間接話法　El estilo indirecto

人が言ったり思ったりした内容を伝えるときは、接続詞や疑問詞を使います。主節の動詞が点過去や
線過去のとき、従属節の中の現在形の動詞は線過去形に変わります。

直接話法（言葉をそのまま引用する）	間接話法（引用符を外して内容を伝える）
Juan me dijo: "Estoy contento".	Juan me dijo que **estaba** contento.
Juan me preguntó: "¿Tienes sueño?"	Juan me preguntó si **tenía** sueño.
Juan me preguntó: "¿Cómo es tu casa?"	Juan me preguntó cómo **era** mi casa.

3 関係詞の〈定冠詞＋ que〉と donde　El que y donde

名詞を修飾する文を名詞の後に挿入するときに前置詞が必要な場合は、名詞の後に〈**前置詞＋定冠詞
＋ que ＋文**〉の順で置きます。

El chico con el **que** viajó mi hermana se llama Enrique.　　（← Mi hermana viajó con el chico）

Esta es la universidad en la **que** estudió mi padre.　　（← Mi padre estudió en la universidad）

場所を表す名詞の後の〈en ＋定冠詞＋ que〉は donde で置き換えることができます。

Esta es la universidad **donde** estudió mi padre.

1. （　）内の動詞を線過去に活用させて、Ana が祖母の家を回想する文を完成させましょう。Ana recuerda la casa donde vivía su abuela. Completa con el pretérito imperfecto.

1) Mi familia y yo (visitar) ＿＿＿＿＿ a menudo la casa de la abuela.

2) (Ir, nosotros) ＿＿＿＿＿ juntos a una playa bonita cerca de su casa.

3) En verano (venir) ＿＿＿＿＿ muchos turistas y (tomar) ＿＿＿＿＿ el sol.

4) La casa (ser) ＿＿＿＿＿ grande y (tener) ＿＿＿＿＿ dos pisos.

5) En la planta baja (estar) ＿＿＿＿＿ la cocina, el salón y un cuarto de baño. En el primer piso (haber) ＿＿＿＿＿ tres habitaciones y otro cuarto de baño.

2. （　）内の動詞を線過去に、［　］内の動詞を現在に活用させて、Ana の家族の昔と今の習慣を表す文を完成させましょう。Ana habla sobre las costumbres diarias de su familia de antes y de ahora. Completa con el pretérito imperfecto o con el presente.

1) De pequeños, mis hermanos y yo (pelearse) ＿＿＿＿＿ mucho, pero ahora [llevarse] ＿＿＿＿＿ muy bien.

2) Antes mi padre (ver) ＿＿＿＿＿ la televisión mientras mi madre (preparar) ＿＿＿＿＿ la cena, pero ahora los dos [ayudarse] ＿＿＿＿＿ mucho.

3) Cuando (ser, yo) ＿＿＿＿＿ pequeña, (ir) ＿＿＿＿＿ a la piscina todos los sábados y (aprender) ＿＿＿＿＿ a nadar. Ahora casi nunca [ir] ＿＿＿＿＿ a la piscina.

3. 間接話法の文を完成させましょう。Completa la frase en estilo indirecto.

EJ. César dijo: "Tengo hambre". → César dijo que tenía hambre.

1) Me dijiste: "Siempre hago todo yo."

2) Héctor me preguntó: "¿Te duele la cabeza?"

3) La señora me preguntó: "¿Cómo te llamas?"

4. 例にならい、関係詞（que, el/la que, donde のいずれか）を使って（　）内の文を空欄に入れましょう。Escribe la frase usando el relativo *que*, *el/la que* o *donde*.

EJ. El chico *con el que se casó mi hermana* es de Ecuador.
(Mi hermana se casó con el chico)

1) La habitación ＿＿＿＿＿ está al fondo.
(Mis padres duermen en la habitación)

2) Esta es la entrada ＿＿＿＿＿. (El rey pasó por la entrada)

3) No me gustan las casas ＿＿＿＿＿. (Las casas no tienen terraza)

応用練習　Actividades comunicativas

1. 「子供時代の習慣」(p.20) も参考に、小さい頃のことを尋ね合いましょう。他の質問も考えて 6) に入れましょう。Pregunta a tus compañeros cómo eran de pequeños. Piensa en otras preguntas también.

comer muchos dulces → ¿Comíais muchos dulces cuando erais pequeños/as?

—Sí, yo comía muchos. —Pues yo no, yo comía muy pocos.

Actividad	Yo	Mis compañeros
1) jugar mucho fuera de casa		
2) ver mucho la televisión (¿Qué programa?)		
3) ir a la piscina		
4) levantarse temprano los fines de semana		
5) tener perro/gato en casa		
6)		

2. 小さい頃に住んでいた家についてクラスメートと尋ね合いましょう。Pregunta a tu compañero sobre la casa donde vivía de pequeño.

1) ¿Dónde estaba?

2) ¿Qué había cerca?

3) ¿Cómo era?

4) ¿Cuántos pisos tenía la casa?

5) ¿Quiénes vivían en ella?

6) ¿Qué lugar de la casa le gustaba más?

3. Julia が小さい頃に住んでいた家について話しています。音声を聞いて 2. の 1) 〜 6) の質問に答えましょう。Julia cuenta cómo era su casa de pequeña. Escucha el audio y contesta a las preguntas del ejercicio 2. ◀18

みんなで話そう　Pensemos y hablemos

▶ ¿Qué ocurrió? ¿Cómo vivían?

　グアテマラのマヤ族出身の先住民 Rigoberta Menchú が、生まれ育った村の人々の伝統的生活ぶりと、1960 年から始まった内戦時の先住民に対する差別や搾取と暴力行為について語ったものをまとめた "Me llamo Rigoberta Menchú y así me nació la conciencia" (1983, Elizabeth Burgos) は世界に大きな衝撃を与えました。その後、グアテマラで起きた内戦時の残虐行為を国連大使として世界に訴え続けた活動により 1992 年にノーベル平和賞を受賞し、1996 年の和平協定では大統領親善大使を務めるなどしましたが、2007 年に出馬した大統領選では民衆の支持を得られず落選しました。過去の出来事を理解し、実体験をきちんと語り伝える意義とその難しさについて考えてみましょう。

◇ スペイン語圏の文化に親しもう　Conoce el mundo hispanohablante

Antes eran mexicanos. ¿Cuándo se hicieron estadounidenses? ¿Qué ocurrió?

　地図 A の緑の部分は 1865 年のメキシコ領土、グレーの部分は 1821 年から 1865 年の間に失われた領土を示しています。その住民はメキシコ国民からアメリカ国民となったわけですが、地域には Los Ángeles、San Francisco、Las Vegas など、かつての名残を感じさせるスペイン語語源の州名や都市名が多くあります。地図 B の現在ヒスパニック（hispanos）人口の割合が高い地域との重なりを確認しましょう。¿Coincide la parte gris del mapa A con la parte donde viven más hispanohablantes del mapa B?

A. 1821 年と 1865 年のメキシコ領土

B. 米国各州のヒスパニック人口の割合（2021 年推計）

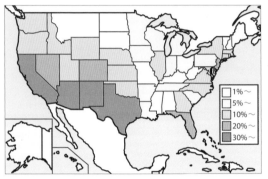

¿De dónde vienen estas palabras?

1. ヒスパニック社会では、スパングリッシュ（spanglish：英語とスペイン語の要素が混ざった言葉）がよく使われます。語源になったと思われる英語を考えて下線部に入れ、その特徴を観察しましょう。¿De qué palabra inglesa vienen? ¿Encuentras alguna característica del español?

1) moni _____　　2) fri _____　　3) marqueta _____　　4) bróder _____

5) siir _____　　6) wachar _____　　7) forgetear _____　　8) lonchear _____

2. スペイン語はラテン語から生まれた言語ですが、他にもいろいろな言語の影響を受けています。表の a)〜d) の語は他言語からスペイン語に入り、現在日常的に使われている語です。各語群が由来すると思う元の言語名を 1)〜4) から選び、各行の末尾に書き入れましょう。La lengua origen del español es el latín, pero hay palabras que vienen de otros idiomas. ¿Sabes su origen? Relaciona los idiomas con cada grupo de palabras.

1) el inglés　　　2) el árabe　　　3) el japonés　　　4) las lenguas prehispánicas

a) café, arroz, naranja, alcázar, alcohol, algodón, almohada, azúcar, alcalde	Vienen de ...
b) aguacate, chocolate, cigarro, iguana, canoa, cóndor, barbacoa	
c) bistec, béisbol, yate, túnel, cheque, estrés, jersey	
d) emoji, tataki, matcha, manga, tsunami, harakiri, kárate, biombo	

映画でスペイン語　¡Vamos al cine!

『僕と未来とブエノスアイレス』 *El abrazo partido*

(Argentina・Francia・Italia・España, 2004. Dirección: Daniel Burman)

　　移民たちが店を連ねるブエノスアイレスの下町の商店街（galería）を舞台にした物語です。主人公の青年 Ariel はポーランド系のユダヤ人で、母の経営するランジェリー店を手伝っていますが、自分が生まれた年に父がなぜ家族を捨ててイスラエルへ旅立ったのか理解できません。彼は自分の未来を探すためヨーロッパへの移住を考えるものの、ポーランドのパスポートを取得するには祖母の持つ書類が必要です。祖母に話をしてもらおうと母親に掛け合いますが、母は祖母にとってポーランドが辛い話題であることを考えて、なかなか承諾しません。**"Pero mamá, ¿vos le preguntaste a la abuela?"**（だけど母さん、ばあちゃんに聞いてみてくれたの？）、**"Claro que le hablé. (...) Le hablé más o menos"**（もちろん話したよ。[中略] 大体の話はしたよ）（5′ 03″）。ところがある日突然父がイスラエルから戻ってきてアリエルの人生計画は変わっていきます。家族の元を去った理由を尋ねられた父は **"Me tenía que ir, Ariel, y no podía volver"**（仕方なかったんだ、アリエル、そして戻れなかった）（1:36′ 30″）と答え、2 人の間のわだかまりはそこから溶けていくのです。

Una historia de dos cocinas (*A Tale of Two Kitchens*)

(México, 2019. Dirección: Trisha Tiff)

　　この 30 分ほどのドキュメンタリーは、シェフ兼オーナーとして Gabriela Cámara が所有する 2 軒のメキシコ料理店を描いたものです。1 軒はメキシコシティの Contramar（1998 年〜）で、もう 1 軒は、サンフランシスコの Cala（2015 年〜）です。Cala はアメリカ人の食生活の一部となったメキシコ料理を提供して人気を博した一方で、メキシコ文化への差別意識があるアメリカでのオープンという難しい面もありました。この映画の面白さは、食を扱うだけではなく、出身にこだわらずにスタッフを集めたオーナーの多様性の追求にあります。どちらの店でも移民や地方出身者など異なる文化圏の人、また前科がある人までをも含む広い社会階層の人が雇われています。インタビューの一つで、ウェイターの Sotero Mendoza が語ります。**"... de mis 15 a los 20 años trabajé en el campo. (...) Tomé la decisión a los 20 años de salir de mi pueblo para venir a Ciudad de México a buscar trabajo"**（私は 15 歳から 20 歳まで畑仕事をしていました。[中略] 20 歳で村を離れ、仕事を探しにメキシコシティに出る決心をしたんです）。（4′ 14″）

★移民に関連する他の映画　Otra película relacionada con el tema de la inmigración

Adú (España, 2020)

　　アフリカ北西部のスペイン自治都市 Melilla で交差する、移民をめぐる 3 つの物語を描く。中心になるのはカメルーンを逃れてスペインへ向かおうとする 6 歳の少年 Adú の旅である。

◈ 読んでみよう　**Lee y escribe**

Los orígenes del español

1. スペイン語の起源についての文章を読んで質問に答えましょう。Lee y contesta a las preguntas.

El español es una lengua romance, es decir, tiene su origen en el latín, que es la base de idiomas como el francés, el italiano, el portugués, etc. En el año 218 a. de C. los romanos llegaron a España y llevaron su lengua, su religión y su cultura. La mayor parte de las palabras del español vienen del latín: *agua* (< *aqua*), *libro* (< *liber*), *madre* (< *mater*), *vida* (< *vita*), *tiempo* (< *tempo*).

En el año 406 llegaron los pueblos germánicos del norte de Europa, que aportaron al español muchos de los apellidos más frecuentes como *López*, *Martínez*, *Sánchez* etc. La terminación *-ez* significa "hijo de...".

Los árabes vivieron en España durante ocho siglos (711–1492). El árabe es el segundo idioma que aportó mayor número de palabras al español: *arroz*, *aceite* (agricultura); *alfombra*, *taza* (vida doméstica); *algoritmo*, *alcohol* (ciencia). Muchas empiezan por *al-*, que es el artículo en árabe.

Los españoles llegaron a América en 1492 y extendieron su lengua y cultura por gran parte del continente. Se añadieron al español algunas palabras de las lenguas prehispánicas, que hablaban los pueblos indígenas. Algunos ejemplos son: *tomate*, *chocolate*, *chicle* (comidas); *canoa*, *barbacoa*, *poncho* (objetos); *jaguar*, *cóndor*, *puma* (animales).

◆ 質問　Preguntas:

1) ¿Qué es una lengua romance?

2) ¿Qué llevaron los romanos a España?

3) ¿Qué origen tienen las palabras que empiezan por *al-* generalmente?

2. 日本語の中の外来語をいくつか探し、いつごろ何語から入ったかを調べてスペイン語で書きましょう。Busca algunos extranjerismos en japonés y explica su origen.

> 例. La palabra "pan" viene del portugués. Se añadió al japonés después del siglo XVI, cuando los portugueses lo trajeron a Japón.

3. スペイン語は地域の民衆が話していたラテン語の口語から始まりました。カスティーリャ地方で話されていた言語が元になっているため、別名をカスティーリャ語と言います。地域言語のカタルーニャ語、ガリシア語も同様にラテン語の口語から発生しました。一方バスク語はローマ帝国以前から続く言語で系統が異なります。表のスペイン語の欄を埋めましょう。Completa la tabla.

Castellano	Catalán	Gallego	Vasco / Euskera
	Bon dia.	Bos días.	Egun on.
	Moltes gràcies.	Moitas grazas.	Eskerrik asko.
	Jo soc la Maria.	Eu son María.	Ni Maria naiz.

◈ もっと学ぼう　**Aprende un poco más**

等位接続詞　Conjunciones coordinantes

1. y (e)、o (u)、pero、sino、ni の用法を枠内の文で確認しましょう。Aprende el uso de *y (e), o (u),*
pero, sino y ni.

> Aprendemos inglés y español. / Aprendemos español e inglés.
>
> Había cinco o seis personas. / Había siete u ocho personas.
>
> Rosa no invitó a Ángel, pero él fue a la fiesta.
>
> Rosa no invitó a Ángel, sino a Óscar. / Rosa no solo invitó a Ángel, sino también a Óscar.
>
> Rosa no invitó (ni) a Ángel ni a Óscar.

2. 適切な語を空欄に入れ、文を完成させましょう。Completa la frase.

1) El hotel era muy caro, (　　　　　　) lo reservé porque estaba más cerca de la playa.

2) De pequeña no me gustaba la carne (　　　　　　) el pescado. Solo me gustaban los dulces.

3) A la fiesta vinieron Carmen (　　　　) Isabel.

4) ¿Laura se casó con Pedro por amor (　　　　) por su dinero?

5) No me interesa estudiar en México, (　　　　　) trabajar en México.

6) Mi hermano no (　　　　) juega bien al tenis, sino (　　　　　) al fútbol.

中性の定冠詞 lo　El artículo neutro

1. 定冠詞には男性形の el と lo、女性形の la と las の他に中性形の lo があり、形容詞や "de + 名詞"
の前について「〜なもの」「〜なこと」を表します。枠内の文で用法を確認しましょう。 Aprende
el uso del artículo neutro.

> **Lo** barato sale caro.
>
> **Lo** importante es respetarte a ti mismo.
>
> Siento **lo** de ayer.

2. 空欄に定冠詞 el、la、los、las、lo のいずれかを入れて文を完成させましょう。Completa con artículos determinados.

1) El coche blanco es de mi padre. El mío es (　　　) negro.

2) (　　　) mejor es no decirle nada.

3) Nuestra universidad es más grande que (　　　) vuestra.

4) Tengo los ojos verdes, pero (　　　) de mi hijo son azules.

5) Gracias por (　　　) de ayer.

6) Voy a hacer todo (　　　) posible.

7) Quiero unas gafas tan elegantes como (　　　) que llevas.

5 忘れられない日
Un día inolvidable

Patricia が加奈に Raúl との出会いを尋ねます。Patricia pregunta a Kana cómo conoció a Raúl. ◀20

— Kana, ¿cómo conociste a Raúl?
— Nos presentó una compañera de clase en su fiesta de cumpleaños. Como yo no sabía bailar salsa, Raúl me enseñó. Fue un día inolvidable. Desde entonces nos vemos casi todos los días.
— Entonces..., ¿estás saliendo con Raúl? ¿Son novios? ¿Amigos?
— Bueno..., más que amigos.

人との付き合い Relaciones sociales ◀21

Cuando conocí a... •   • no me cayó bien.
Cuando vi a ... por primera vez •   • era novio/a de...
Cuando me presentaron a... •   • tenía ... años.
Cuando me hice amigo/a de... •   • me enamoré (de...) enseguida.

♦ 組み合わせて文を作りましょう（複数解答可）。Relaciona y haz frases. Hay varias posibilidades.

　　EJ. Cuando conocí a Juan, él tenía 20 años.

人と出会う場所や活動 Lugares / Actividades de interacción social ◀22

reunión　　club　　academia　　fiesta　　centro cultural　　gimnasio
compañía　　escuela　　colegio　　instituto　　primaria　　secundaria

♦ 親友とどこで知り合ったかを尋ねましょう。Pregunta a tu compañero dónde conoció a su mejor amigo/a.

接続詞 Conjunciones ◀23

como...　　porque...　　aunque...　　cuando...　　mientras...

♦ 以下の文に合う接続詞を書きましょう。Escribe la conjunción que corresponda.

Los domingos yo cuido el jardín ＿＿＿＿＿ mi esposo prepara la comida. Pero hoy ＿＿＿＿＿ hace tan buen tiempo, hemos decidido salir a pasear ＿＿＿＿＿ hace un poco de frío.

文法のポイント　Gramática

1 直説法点過去と線過去　El pretérito perfecto simple y el imperfecto de indicativo

(1) 点過去＋線過去

出来事を点過去で、出来事が起こったときの背景となる状況を線過去で表します。

Cuando conocí a Fernando, yo trabajaba en un hospital.

(2) 線過去＋線過去

並行して続いていた複数の状況や行為は線過去の組み合わせで表します。

Cuando éramos jóvenes, siempre nos veíamos en esta cafetería.

(3) 点過去＋点過去

連続して起こった複数の出来事を点過去の組み合わせで表します。

Cuando me vieron los niños, se alegraron mucho.

2 現在分詞　El gerundio

(1) 現在分詞の作り方

-AR 動詞	-ar → -**ando**	hablar → **hablando**
-ER 動詞、-IR 動詞	-er, -ir → -**iendo**	comer → **comiendo**,　salir → **saliendo**

★ 不規則な現在分詞

綴りに注意する動詞　　　　：leer　→ le**y**endo　　　　ir　　→ **y**endo

語根母音変化する -IR 動詞：pedir → p**i**diendo　　decir → d**i**ciendo　　　dormir → d**u**rmiendo

(2) 用法

副詞として用いる　　　　　　　　　：Mercedes cocina escuchando música.

〈estar ＋現在分詞〉で進行形を作る：¿Qué hacéis? —Estamos haciendo la tarea.

★ 目的人称代名詞や再帰代名詞は現在分詞の語末に付きます。進行形では estar の活用形の直前に置くこともできます。語末に付く場合は、アクセント符号が必要になるので注意しましょう。

La película era muy larga. Me dormí viéndola.

Estoy lavándome las manos. = Me estoy lavando las manos.

3 関係詞 〈定冠詞＋ que〉 の独立用法　El relativo sin antecedente

¿Ves aquel edificio? —¿Cuál? —El que está al lado del ayuntamiento. (el que = el edificio que)

Lo que dice ella no es verdad. 〈lo que ＋文〉で「～のもの、～のこと」。lo は中性の定冠詞)

La que está hablando con mi padre es Ana y los que están a su lado son sus hermanos.

〈定冠詞 ＋ que ＋文〉で「～の人」)

1. （　）内の動詞を点過去または線過去に活用させましょう。¿Pretérito perfecto simple o imperfecto?

1) Cuando (ir, yo) ＿＿＿＿＿ a primaria, no me (gustar) ＿＿＿＿＿ nada los huevos.

2) ¿Cuántos años (tener, vosotros) ＿＿＿＿＿ cuando (casarse) ＿＿＿＿＿ ?

3) De pequeñas mi hermana y yo no (llevarse) ＿＿＿＿＿ bien, pero ahora hablamos mucho.

4) Ayer no (poder, yo) ＿＿＿＿＿ ir a la reunión porque mi madre (estar) ＿＿＿＿＿ mal.

5) Cuando (levantarse, yo) ＿＿＿＿＿ , (nevar) ＿＿＿＿＿ mucho.

2. （　）内の動詞を点過去または線過去に活用させ、［　］内から適切な語を選びましょう。Conjuga el verbo en pretérito perfecto simple o imperfecto y elige la palabra adecuada.

1) El sábado pasado (ir, nosotros) ＿＿＿＿＿ al gimnasio [aunque/como] (estar) ＿＿＿＿＿ cansados.

2) [Como/Porque] (ser) ＿＿＿＿＿ muy tarde, (irse, yo) ＿＿＿＿＿ sin decirte nada.

3) [Mientras/Porque] Sandra (trabajar) ＿＿＿＿＿ , su hermana (cuidar) ＿＿＿＿＿ a sus hijos.

4) Víctor y yo (hacerse) ＿＿＿＿＿ amigos enseguida [como/porque] a los dos nos (gustar) ＿＿＿＿＿ el mismo tipo de música.

3. 枠内の動詞の現在分詞を入れて文を完成させましょう。Completa con el gerundio de los verbos del recuadro.

ducharse escribir pensar ver

1) ¿Qué haces? —Estoy ＿＿＿＿＿ un mensaje a un amigo.

2) Mi madre desayuna ＿＿＿＿＿ la televisión.

3) ¿Vas a casarte con Blanca? —No sé... Todavía lo estoy ＿＿＿＿＿ .

4) ¿Está Miguel? —Sí, pero está ＿＿＿＿＿ ahora.

4. el que, la que, los que, las que, lo que のいずれかを入れて文を完成させましょう。Completa con *el que, la que, los que, las que* o *lo que*.

1) ＿＿＿＿＿ habla en la conferencia de hoy es un escritor chileno.

2) Hay dos discotecas en mi barrio, pero esta es ＿＿＿＿＿ más me gusta.

3) ¿Quiénes son ＿＿＿＿＿ están cantando? —Son mis hermanas.

4) Te voy a decir ＿＿＿＿＿ pienso.

応用練習　Actividades comunicativas

1. 美沙の１年生のときの思い出を読みながら適切な動詞形を選び、音声を聞いて確認しましょう。その後、自分の思い出を書いてクラスで発表しましょう。Marca con un círculo la opción más adecuada y comprueba con el audio. Después escribe tus recuerdos y preséntaselos al resto de la clase. ◀24

1) El año pasado en abril [entré / entraba] en la universidad.

2) Cuando [entré / entraba] en la clase de español, [hubo / había] muchos estudiantes.

3) Allí [conocí / conocía] a mi mejor amiga, Sakura. Ella [fue / era] de Sapporo.

4) Nosotros [nos hicimos / nos hacíamos] miembros del club de tenis.

5) Aunque la clase de español [fue / era] un poco difícil, [fue / era] muy divertida.

6) Durante la primavera [trabajé / trabajaba] en una academia como profesora de inglés.

7) En verano [fui / iba] a la autoescuela y [me saqué / me sacaba] el carnet de conducir.

8) [Fue / Era] un año fantástico.

2. イラストを見て何をしているかを進行形で尋ね合いましょう。その後、各自好きなジェスチャーをして、その動作を互いに当てましょう。Pregunta a tu compañero qué están haciendo en el dibujo. Después, representa acciones con mímica para que las adivine.

¿Qué está haciendo el padre? —Está...

¿Qué estoy haciendo? —Estás comiendo plátanos. —Sí. / No.

1) el padre
2) el niño
3) la niña
4) el perro
5) yo

みんなで話そう　Pensemos y hablemos

▶ **¿Qué te regalaron el día más importante de tu vida?**

メキシコやアメリカのヒスパニック社会では、女子の大人社会への仲間入りを祝う「15歳の誕生日パーティー（**Quinceañera**）」はとても大切です。美しいドレスを着て、友人が従者を務めるなど、まさにお姫様気分を味わう日です。そして「最後にもらうおもちゃと最初にもらうハイヒール（**un juguete como último regalo y unos zapatos de tacón como primer regalo**）」がプレゼントされるのが恒例です。日本では七五三や成人式が成長を祝う節目となっていますが、大切な日をどのように祝うか、また祝事の贈り物としてどのようなものがあるのか話し合いましょう。

Monica Garza 73 / Shutterstock.com

31

6 地球市民として暮らす

教室で先生がボランティア活動について尋ねています。
La profesora pregunta sobre las actividades voluntarias.

◀25

— ¿Habéis trabajado alguna vez como voluntarios?
— Sí, yo he dado clases de japonés a los hijos de los inmigrantes. El mes pasado fui a un centro cultural del ayuntamiento dos veces.
— ¡Qué interesante! Yo no he hecho nada todavía.

ボランティア活動 Actividades voluntarias　◀26

limpiar •	• ropa usada a un centro de una ONG.
enviar •	• una residencia de la tercera edad.
trabajar •	• el parque de tu barrio.
visitar •	• clase de japonés a los inmigrantes.
dar •	• a los estudiantes extranjeros en casa.
recibir •	• como intérprete en los hospitales.

◆ 結びつけてどんな活動をしてみたいかを言いましょう。Relaciona y di qué actividad te interesa hacer.

　　EJ. Me interesa trabajar como intérprete en los hospitales.

環境保護運動 Actividades ecológicas　◀27

no gastar mucha agua	usar papel reciclado	no usar bolsas de plástico
llevar tu propia taza	reciclar latas y botellas	separar la basura

◆ 実践していることを選び、現在形で言いましょう。Di qué actividades practicas.

　　EJ. Yo no gasto mucha agua.

中古品 Artículos de segunda mano　◀28

nevera　microondas　lavadora　silla　cama　plato　vaso

＊既習語：coche/carro, bicicleta, ropa, mesa, bolso, libro, zapatos

◆ 中古で買ったことがあるか尋ねましょう。Pregunta a tu compañero como en el ejemplo.

　　EJ. ¿Has comprado una bicicleta de segunda mano? —Sí, una vez. / No, nunca.

文法のポイント　Gramática

1 過去分詞　Participio pasado

(1) 過去分詞の作り方

-AR 動詞	-ar → -**ado**
-ER 動詞、-IR 動詞	-er, -ir → -**ido**

hablar → **hablado**

comer → **comido**,　salir → **salido**

★ 不規則な過去分詞

abrir → **abierto**	decir → **dicho**	escribir → **escrito**	hacer → **hecho**
morir → **muerto**	poner → **puesto**	ver → **visto**	volver → **vuelto**

(2) 用法

(i) 形容詞として名詞を修飾する（名詞に合わせて性数変化する）

ropa usada　　　　　　　　　coches usados

productos hechos a mano　　bebida hecha con arroz

(ii) estar とともに状態を表す（主語に合わせて性数変化する）

La ventana está abierta.

(iii) haber とともに完了形を作る（性数変化しない）→ **2** 直説法現在完了

2 直説法現在完了　Pretérito perfecto compuesto de indicativo

現在までに完了していることや現在までの経験を表します。

HABER ＋過去分詞	
he comido	**hemos** comido
has comido	**habéis** comido
ha comido	**han** comido

¿Ya has comprado la nevera?

—No, no la he comprado todavía.

¿Has trabajado alguna vez como intérprete?

—Sí, he trabajado una vez en una conferencia.

★ 点過去が過去の出来事を現在と切り離されたものとして表すのに対し、現在完了は現在と関係づけて表します。

Este mes (Hoy / Esta semana / Este año) han gastado mucha agua.

cf. El mes pasado gastaron mucha agua.

3 感嘆文　Oraciones admirativas

(1) ¡Qué ＋強調したい語（形容詞／副詞／名詞）!

¡Qué interesante! / ¡Qué bien! / ¡Qué sorpresa!

(2) ¡Qué ＋名詞＋ más/tan ＋形容詞 !

¡Qué cama tan grande!

¡Qué vida más activa lleváis!

1. 適切な過去分詞の形を書きましょう。Escribe el participio pasado en la forma adecuada.

1) Enviamos ropa (usar) _____ a una ONG.

2) Me gustan las cartas (escribir) _____ a mano.

3) Siempre compro los productos (hacer) _____ en Japón.

4) Todos los artículos (vender) _____ en esta tienda son extranjeros.

5) La mesa ya está (poner) _____ . Vamos a comer.

2. 現在完了形を入れて文を完成させましょう。Escribe la forma adecuada de pretérito perfecto compuesto.

1) Este mes Kana (ir) _____ dos veces a una residencia para ayudar a los ancianos.

2) Hoy (levantarse, yo) _____ tarde y no (hacer) _____ la cama.

3) Cariño, ya (poner, tú) _____ la lavadora? —No, todavía no.

4) Este mes (haber) _____ muchos tifones y (morir) _____ varias personas.

5) (Ver, yo) _____ esta película y me (gustar) _____ mucho.

6) ¿(Lavarse, vosotros) _____ la cara?
   —Sí, mamá. También (vestirse, nosotros) _____ .

7) ¿Por qué no (traer, tú) _____ tu propia bolsa?
   —Porque (venir) _____ directamente del trabajo.

3. （　）内の動詞を点過去または現在完了に活用させましょう。¿Pretérito perfecto simple o compuesto?

1) ¿(Trabajar, vosotros) _____ alguna vez en un supermercado? —Mi hermano no, pero yo (trabajar) _____ dos años cuando era estudiante.

2) El lunes (ser) _____ la entrevista del trabajo, pero todavía no me (decir, ellos) _____ nada sobre el resultado.

3) ¿Llevas tu propia taza a la cafetería? —No, no la (llevar) _____ hasta ahora.

4. 現在完了または現在進行形で答えましょう。Contesta como en el ejemplo.

> **EJ.**　¿Has hecho la tarea? —Sí, ya la he hecho. / No, todavía no. La estoy haciendo ahora.

1) ¿Has separado la basura?

2) ¿Ya habéis leído el libro que os presté?

3) ¿Ya han estudiado los niños estas lecciones?

1. 互いの体験を尋ね合い、表に書き入れましょう。さらに音声を聞いて Guillermo が経験したことも書きましょう。 Pregunta a tu compañero y completa la tabla. Luego escucha el audio y completa la columna de Guillermo.

◀29

trabajar como voluntario → ¿Has trabajado como voluntario/a alguna vez?

—No, no he trabajado nunca. / Sí, una vez. He dado clase de japonés a los inmigrantes. / Sí, los sábados doy clase de japonés a los inmigrantes.

	Yo	Mi compañero/a	Guillermo
1) trabajar como voluntario/a			
2) limpiar el parque de tu barrio			
3) vender algo por internet			
4) llevar tu propia bolsa			
5) salir en la televisión			

2. 例にならって、以下のことを今月行なったかどうか尋ね合い、表に書き込みましょう。 Pregunta a tus compañeros si han hecho estas cosas este mes y completa la tabla.

leer algún libro interesante → ¿Habéis leído algún libro interesante este mes?

—Sí, he leído uno de Keigo Higashino. —Yo no he leído ninguno.

	Compañero/a 1	Compañero/a 2
1) ver a los abuelos		
2) cenar en algún restaurante italiano		
3) acostarse después de las dos		
4) perder algo		
5) subir alguna foto a internet		

みんなで話そう　**Pensemos y hablemos**

▶ **¿Has participado en alguna actividad voluntaria?**

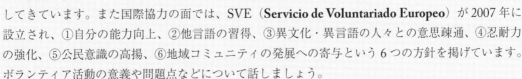

　スペインでは、90% 近くの大学にボランティアセンターが設けられ、学生による教育支援活動などが実施されている他、60% 以上の企業で社員がボランティア活動に参加できる制度が設けられており、社会活動に参加する若者が増加してきています。また国際協力の面では、SVE（**Servicio de Voluntariado Europeo**）が 2007 年に設立され、①自分の能力向上、②他言語の習得、③異文化・異言語の人々との意思疎通、④忍耐力の強化、⑤公民意識の高揚、⑥地域コミュニティの発展への寄与という 6 つの方針を掲げています。ボランティア活動の意義や問題点などについて話しましょう。

7 予定や計画について話す
Planes de futuro

スペイン旅行から帰った加奈が今後の計画について Patricia と話しています。 ◀30
Kana ha vuelto de su viaje a España y habla con Patricia sobre sus planes de futuro.

—Al terminar la universidad, iré a Barcelona a estudiar.

—¡Qué bien! ¿Qué vas a estudiar?

—Haré un curso de Historia del Arte. Ya sabes que quiero ser guía de museo.

—Sí, me parece muy bien, pero tendrás que estudiar mucho.

学生生活のプラン Planes durante los años de universidad ◀31

aprobar el curso	sacar buenas notas
estudiar en el extranjero	hacer un máster / una maestría
sacarse el carnet de conducir / la licencia de manejar	
ganar una competición (un concurso)	conseguir una beca viajar al extranjero

◆ 学生時代にしようと思うことを言いましょう。Haz frase sobre lo que harás durante tu vida estudiantil.

> **EJ.** Voy a aprobar el curso con buenas notas.

時の表現Ⅱ Marcadores temporales II ◀32

mañana   pasado mañana   dentro de 10 años   pronto   algún día

el año (mes) que viene   el año (mes) próximo   la semana próxima

＊既習語：este año (mes, lunes, fin de semana, ...) esta semana (mañana, tarde, noche)

◆ いつする予定か尋ね合いましょう。Pregunta a tu compañero cuándo va a hacer estas actividades.

> 1) limpiar la habitación   2) viajar al extranjero   3) comprar una casa   4) ver a tus abuelos
>
> **EJ.** hacer los deberes: ¿Cuándo vas a hacer los deberes? —Mañana.

未来の社会 La vida en el futuro ◀33

¿Aumentar o disminuir? : la población, los inmigrantes, las enfermedades

¿Haber o no? : libros impresos, monedas, gafas, ordenadores

¿Subir o bajar? : el precio de la gasolina (los alimentos), la temperatura

◆30 年後、どちらを予想しますか？ Imagina qué pasará dentro de 30 años.

> **EJ.** Aumentarán los inmigrantes. No habrá libros impresos. Subirá la temperatura.

文法のポイント　Gramática

1 直説法未来　Futuro simple de indicativo

規則活用：-AR 動詞、-ER 動詞、-IR 動詞とも共通の語尾を不定詞の後ろに付けます。

HABLAR		COMER		VIVIR	
hablar**é**	hablar**emos**	comer**é**	comer**emos**	vivir**é**	vivir**emos**
hablar**ás**	hablar**éis**	comer**ás**	comer**éis**	vivir**ás**	vivir**éis**
hablar**á**	hablar**án**	comer**á**	comer**án**	vivir**á**	vivir**án**

不規則活用：語根は不規則ですが、語尾は規則活用と同じものを付けます。

PODER：pod**ré**, pod**rás**, pod**rá**, pod**remos**, pod**réis**, pod**rán** (-e- が落ちる)

TENER：tend**ré**, tend**rás**, tend**rá**, tend**remos**, tend**réis**, tend**rán** (-e-, -i- が落ちて -d- が入る)

PODER 型：saber → **sabr**é　　querer → **querr**é　　haber → **habr**é

TENER 型：venir → **vendr**é　　salir → **saldr**é　　poner → **pondr**é

その他：　　hacer → **har**é　　decir → **dir**é

2 直説法未来の用法　Usos del futuro

(1) 未来の出来事を予測したり、行動の予定を表したりします。時に話し手の意志を含みます。

Dentro de poco subirá el precio de la gasolina.

El año próximo viajaré a México.

cf. Mañana no hay clase. (確実な事柄は現在形で表します)

(2) 現在の状況の推測を表します。

Luis no contesta al teléfono. —Estará en el tren.

3 直説法過去未来　Condicional simple de indicativo

規則活用：-AR 動詞、-ER 動詞、-IR 動詞とも共通の語尾を不定詞の後ろに付けます。

HABLAR		COMER		VIVIR	
hablar**ía**	hablar**íamos**	comer**ía**	comer**íamos**	vivir**ía**	vivir**íamos**
hablar**ías**	hablar**íais**	comer**ías**	comer**íais**	vivir**ías**	vivir**íais**
hablar**ía**	hablar**ían**	comer**ía**	comer**ían**	vivir**ía**	vivir**ían**

不規則活用：語根は直説法未来の不規則と共通で、語尾は規則活用と同じものを付けます。

PODER：pod**ría**, pod**rías**, pod**ría**, pod**ríamos**, pod**ríais**, pod**rían**

TENER：tend**ría**, tend**rías**, tend**ría**, tend**ríamos**, tend**ríais**, tend**rían**

4 直説法過去未来の用法 I　Usos del condicional I

過去のある時点から見た予測や予定を表したり、過去における状況を推測したりします。

José me dijo que se casaría en marzo.

Habría unas 200 personas en la boda.

1. 動詞を未来形に活用させて下線部に入れ、枠内のどの表現が ［　］内に入るか考えましょう（複数選択可）。Conjuga los verbos en futuro y elige el marcador temporal más adecuado. Hay varias posibilidades.

algún día	el próximo sábado	dentro de diez años	muy pronto

1) [   ] (llegar) _____ la primavera.

2) [   ] yo (ser) _____ famoso.

3) [   ] (venir) _____ unos amigos a verme.

4) [   ] (encontrar, tú) _____ un buen trabajo.

5) Hijos, (   ] (limpiar, vosotros) _____ la habitación, ¿eh?

2. 新任の先生について学生たちが話をしています。動詞を未来形に活用させましょう。Los estudiantes hablan sobre un nuevo profesor. Conjuga los verbos en futuro.

1) ¿Cuántos años (tener) _____ el nuevo profesor? —Menos de treinta, creo yo.

2) ¿(Estar) _____ casado? —No tengo idea.

3) ¿(Ser) _____ un buen profesor? —Espero que sí. Ya lo (ver, nosotros) _____ .

4) ¿(Hacer, nosotros) _____ una fiesta de bienvenida para él? —Sí, ¡qué buena idea!

3. p.21 の「間接話法」を参考に、例にならって一つの文にしましょう。Escribe la frase siguiendo el ejemplo.

> **EJ.** Mi padre dijo: Volveré pronto. → Mi padre dijo que volvería pronto.

1) La profesora me dijo: Tú ganarás el concurso.

2) Víctor pensaba: No compraré nada por internet.

3) Me dijiste: Te llamaré el domingo.

4) Yo pregunté a mis hijos: ¿Cuándo haréis los deberes?

5) Nos preguntaron: ¿Asistiréis a la conferencia?

4. 線過去形の動詞を過去未来形に変え、文全体の意味がどう変わるか言いましょう。Busca el verbo en imperfecto y conjúgalo en condicional. ¿Ahora qué significa la frase?

1) En aquel tiempo no había vuelos directos a Madrid. Se tardaba mucho en llegar allí.

2) Entonces la mayoría de la gente no tenía coche.

3) En ese momento tus padres todavía no sabían la noticia.

4) Eran las diez de la noche cuando ocurrió el terremoto.

応用練習　Actividades comunicativas

1. 以下のことをいつ行うかを想像して尋ね合いましょう。「時の表現Ⅱ」（p.36）を使って答えましょう。
Usad los marcadores temporales de la p. 36 e imaginad cuándo haréis estas cosas. Después hablad sobre vuestros planes.

> comprar un coche → Creo que compraré un coche dentro de dos años. ¿Y tú?
> —Yo no compraré un coche.

1) vivir solo/a	
2) estudiar fuera de Japón	
3) aprender a conducir	
4) casarse	
5) hacer un máster	

2. 2060 年の生活についての Cosmos 博士へのインタビューを聞いて正しい答えを選びましょう。
Escucha la entrevista con el doctor Cosmos y elige la opción correcta. ◀34

1) En el futuro la población [disminuirá / aumentará].

2) Desde el año [2040 / 2060] ya podremos vivir en otros planetas.

3) Viviremos [más de / menos de] ciento veinte años.

4) [Habrá / No habrá] alimentos frescos. Tomaremos [bebidas con vitaminas de sabor a carne, pescado, etc. / latas de carne, pescado, etc.].

5) Los robots [trabajarán / participarán] en las Olimpiadas.

3. 2 の Cosmos 博士の話で最も面白いと思ったことについて例にならって話しましょう。Comenta con tus compañeros la información que os ha parecido más interesante de la entrevista del ejercicio 2.

> No habrá alimentos frescos. → El doctor Cosmos dijo que no habría alimentos frescos.

みんなで話そう　Pensemos y hablemos
▶ **¿Tendré suerte este año?**

　日本では、凶事を避けたり願い事が叶ったりするように、神社や寺などでお守りや破魔矢を買う人が多くいますが、ボリビアでは1月下旬の Alasita の祭りの時期に、先住民のアイマラ族やケチュア族の間で福の神と信じられてきた Ekeko 人形を買い、その年に自分が手に入れたいもの（紙幣、資格証、学位記、オートバイ、家電製品、家など）のミニチュアを括り付けて祈願します。またスペインには、「塩をこぼす（derramar sal）」のは不吉のしるし、「木材に触る（tocar madera）」のは身を守りたい時など、数々の迷信や縁起担ぎがあります。私たちが災いを避け、願い事を叶えるために行うと良いとされていることについて話しましょう。

Alf Ribeiro / Shutterstock.com

◈ スペイン語圏の文化に親しもう　Conoce el mundo hispanohablante

¿Qué letras usaban los pueblos prehispánicos?

1. イスパノアメリカの古代文明で用いられていた文字や記号を該当する写真およびその説明と結びつけましょう。Relaciona el nombre de los símbolos prehispánicos con las imágenes y las explicaciones.

1) El calendario azteca .... 　　2) El quipu inca .... 　　3) Las letras mayas ....

a) 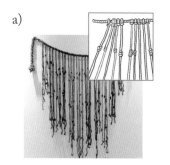 　　b)  　　c)

ア)	Es un calendario que usaban los indígenas que vivían en México.
イ)	El nombre significa "nudo" en quechua. Está hecho de lana y de algodón. A través de diversos colores y nudos, daba información sobre el pueblo (cosechas, la población, etc.).
ウ)	Son las letras de la civilización antigua de los mayas. Están compuestas de dos partes: una es un diseño de cabezas de animales y otra explica los sonidos.

¿Cómo representaron los hechos históricos?

1. 1910 年に始まったメキシコ革命により、独裁体制の打倒、政治・経済・社会構造の大改革が達成され、今日のメキシコの基礎が築かれました。革命政府の教育大臣となった José Vasconcelos は、公共の建物の大きな壁面に国の歴史や伝統文化をモチーフとした作品が描かれれば、字が読めない人も含めて多くの人々がそれを知ることで、国家形成の力となると考え、1920 年代にメキシコ壁画運動 **Muralismo mexicano** を推進しました。その牽引役となった 3 人の壁画家とそれぞれの代表的作品を、タイトルをヒントに関係付けましょう。Relaciona los pintores con sus obras.

1) Diego Rivera 「メキシコの歴史——征服から未来へ」 *La historia de México* 　　(　)
2) David Alfaro Siqueiros 「ポルフィリオ独裁から革命へ」 *Del porfirismo a la Revolución* 　　(　)
3) José Clemente Orozco 「立ち上がる僧侶イダルゴ」 *El Hidalgo incendiario* 　　(　)

a)  　　b)  　　c)

映画でスペイン語　¡Vamos al cine!

『また会える日まで』 *Hasta que nos volvamos a encontrar*

(Perú, 2022. Dirección: Bruno Ascenzo)

　スペインの大手ホテルを経営する家に生まれた Salvador は、インカの文化を遺す町クスコにホテルを建てるためにペルーにやってきます。そこで小さなホテルで働く Ariana と恋に落ちますが、Salvador のプロジェクトは、自然や祖先から受け継いだ伝統を守っていくという Ariana の生き方に反するものでした。

　この映画の素晴らしさはペルーの文化と自然の豊かさを存分に見せてくれることです。マチュピチュ、サルカンタイ山、チチカカ湖などの素晴らしい景観を楽しめるだけでなく、ケチュア語、音楽、楽器、踊り、衣装など、アンデス文化のさまざまな要素が私たちをコロンブス以前の南米の世界へ導いてくれます。

　Salvador をパーティー会場に連れていく場面（1:01′ 42″）で、Ariana が "**Este camino lo plantamos con Uberto cuando tenía como 15 años**"（この小道 [の花] は 15 歳ぐらいのときウベルトと植えたのよ）と説明すると、Salvador は "**¿De dónde sacas estos lugares?**"（こんな場所をどこから見つけてくるんだ？）と驚きます。すると Ariana は "**Aún no has visto nada**"（あなたはまだ何も見ていないのと一緒よ）と答えるのでした。

『誰もが愛しいチャンピオン』 *Campeones*

(España, 2018. Dirección: Javier Fesser)

　短気な性格のためにパートナーと衝突し仲間に見放されて人生の危機に陥りながらも、新たな出会いを通して生きがいを取り戻していくバスケットボールコーチ Marco の物語です。ある試合で騒ぎを起こし、退場となった帰り道、Marco は飲酒運転をして交通事故を起こしてしま

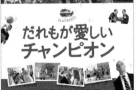

います。裁判によって 90 日間コーチとして社会奉仕をすることになりますが、派遣されたチームはさまざまな知的障害を持つメンバーから構成された los Amigos でした。初めはやる気のなかった Marco ですが、彼らが生きる意欲に満ち、多くのことを教えてくれる存在であることに徐々に気づいていきます。メンバーたちが最後に Marco に贈ったのは "**Has sido muy buena persona**"（あなたはとてもいい人だったよ）、"**y nos has enseñado mucho**"（いっぱい教えてくれた）（1:50′ 57″）という言葉でした。この映画は障害者が参加する実在のバスケットボールチームに触発されて製作され、ゴヤ賞の作品賞と新人賞を獲得しました。

★多様性に関連する他の映画　Otra película relacionada con el tema de la inclusión social

『100 メートル』 *100 metros* (España y Portugal, 2016)

　多発性硬化症で 100 メートルも歩けなくなると医師に宣告された若き父親 Ramón Arroyo が最も過酷なスポーツと呼ばれるトライアスロンに挑戦する姿を描く、実話に基づいた映画。

◈ 読んでみよう　**Lee y escribe**

Biografía

1. メキシコの壁画家 Diego Rivera の伝記を読んで、質問に答えましょう。Lee el texto y contesta a las preguntas.　◀35

Diego Rivera (1886–1957) es uno de los artistas más importantes del arte mexicano. Nació en 1886, en Guanajuato. Cuando tenía seis años, se trasladó a Ciudad de México. Estudió en la Academia de Bellas Artes. Aquí se formó como dibujante y pintor. En 1907, viajó a Europa para estudiar arte y conoció a importantes pintores, como Picasso. Allí realizó algunas obras cubistas y se interesó especialmente por los frescos del Renacimiento. Estudió el arte maya y azteca tradicional que le influiría después en sus murales.

En 1922, empezó a pintar sus primeros murales por encargo del gobierno mexicano. En ellos representó la historia de México desde la época prehispánica hasta la Revolución (1910).

En 1929 se casó con la gran pintora surrealista Frida Kahlo. Fue su tercera esposa. Su relación era dramática y apasionada. Perteneció al partido comunista mexicano y alojó en la casa de ambos a León Trotsky cuando este se exilió de la Unión Soviética.

De 1930 a 1934 vivió en EE. UU. y sus obras tuvieron un gran éxito. En 1933, la familia Rockefeller le encargó un mural para decorar el Rockefeller Center de Nueva York. En él, Rivera incluyó un retrato de Lenin. Cuando le pidieron quitarlo, él lo rechazó y destruyeron la obra.

◆ 質問　Preguntas:

1) ¿Quién es Diego Rivera?
2) ¿Para qué fue a Europa? ¿A quién conoció?
3) ¿Qué representó en sus primeros murales?
4) ¿A qué partido político perteneció?

2. 以下の年表をもとに藤田嗣治の一生をスペイン語で書きましょう。Lee la siguiente tabla y escribe la biografía de Fujita Tsuguharu.

1886	東京に生まれる、父は軍医（médico militar）
1910	東京美術学校（la Universidad Nacional de Bellas Artes de Tokio）を卒業
1913	渡仏、多くの作品を発表。女性と猫を描くのを好む
1917	最初の個展（primera exposición individual）、大成功を収める
1931–1933	アメリカ諸国（varios países americanos）を旅行後、帰国
1939–1940	フランスに滞在後、戦争のため帰国、戦争画を発表
1955	フランス国籍（nacionalidad francesa）を取得
1966	ノートルダム・ド・ラ・ペ礼拝堂（la Capilla de Nuestra Señora de la Paz en Reims）のステンドグラスと壁画（las vidrieras y los murales）を制作
1968	死去

◆ もっと学ぼう　**Aprende un poco más**

直説法過去完了　El pluscuamperfecto de indicativo

1. haber の線過去と過去分詞を組み合わせると、過去のある時点より前に起こったことを表す過去完了の形を作ることができます。現在完了と比べてみましょう。Aprende las formas y el uso del pluscuamperfecto y compáralos con los del pretérito perfecto compuesto.

| había, habías, había... | + | hablado / comido / vivido |

現在完了	過去完了
Ya ha empezado la película.	Cuando llegué al cine, ya había empezado la película.
もう映画は始まりました。	私が映画館に着いたとき、映画はもう始まっていました。

2. 動詞を現在完了または過去完了の形に活用させて文を完成させましょう。¿Pretérito perfecto compuesto o pluscuamperfecto?

1) Cuando me llamaste, ya (preparar, yo) _____ la cena.

2) En 2001, nosotros todavía no (casarse) _____ .

3) Este mes (llover) _____ mucho.

直説法未来完了　El futuro perfecto de indicativo

1. haber の未来形と過去分詞を組み合わせると、未来のある時点より前に起こるはずの出来事や現在完了の推量を表す未来完了の形を作ることができます。現在の推量を表す未来形と比べてみましょう。Aprende las formas y el uso del futuro perfecto y compáralos con los del futuro simple.

| habré, habrás, habrá... | + | hablado / comido / vivido |

未来	未来完了
Ahora los niños estarán en casa.	(Mañana) a esta hora los niños ya habrán llegado a casa.
今、子供たちは家にいるでしょう。	(明日の) この時間には子供たちはもう家に着いているでしょう。

2. 動詞を未来または未来完了の形に活用させて推量を表す文を完成させましょう。¿Futuro simple o futuro perfecto?

1) ¿Cuándo (terminar, vosotros) _____ este libro? —Ya estamos en la última lección. Así que en diciembre ya (terminar) _____ todo.

2) Son las ocho y todavía no ha vuelto Luisito. ¿Qué le (pasar) _____ ?

— (Estar) _____ en casa de un amigo. Voy a llamarlo.

Patricia がコロンビアを舞台にしたアニメ映画を Guillermo に薦めています。 ◀36
Patricia recomienda a Guillermo una película sobre Colombia.

— ¿Has visto la película *Encanto*?

— No, todavía no. ¿Qué tal?

— Me ha gustado mucho. Es una película fantástica. Me sorprende que el director presente tan maravillosamente la riqueza de la cultura colombiana: las tradiciones, la naturaleza, la familia, la comida... Espero que les guste a muchas personas.

感情 I　Expresión de sentimientos I ◀37

Siento...	Me alegro de...	Me sorprende...	Me preocupa...	Me da miedo...

◆ 上の表現と結びつけ、文を作りましょう（複数選択可）。 Haz frases con las expresiones del recuadro.

1) aprobar los exámenes 2) llegar tarde 3) suspender el curso 4) viajar solo/a 5) verte aquí

評価を表す表現 Valoraciones ◀38

Es importante (bueno　malo　normal　raro　maravilloso　terrible　increíble　ridículo　necesario　mejor　injusto　una pena)　　　　**Está bien** (mal)

◆ 上の表現と結びつけ、文を作りましょう（複数選択可）。 Haz frases con las expresiones del recuadro.

1) tener mascotas virtuales　　　　2) estudiar en línea

3) prohibir fumar en un restaurante　　4) no comer carne

願望表現 Expresión de deseos ◀39

Quiero...　　　　**Deseo...**　　　　**Espero...**

◆ 例にならって文を続けましょう。 Haz frases con las expresiones del recuadro.

EJ. Mis padres quieren que yo aprenda inglés, pero *yo quiero aprender español* .

1) Yo quiero que mi hija viva cerca, pero ella ....

2) Deseo que mis alumnos saquen buenas notas y ellos también ....

3) Mis amigos esperan que yo gane el concurso y yo también ....

文法のポイント　Gramática

1 直説法と接続法　El indicativo y el subjuntivo

直説法がある出来事を事実として伝えようとするのに対し、接続法は事実かどうかに触れず、想定上の事態として表したいときに用いられます。

El médico me dice que **bebo** demasiado.　（直説法）

El médico me dice que **beba** menos.　（接続法）

Creo que Ana **llegará** mañana.　（直説法）

No creo que Ana **llegue** mañana.　（接続法）

2 接続法現在：規則活用　Presente de subjuntivo: verbos regulares

-AR 動詞は -ER 動詞の直説法現在の活用語尾を、-ER・-IR 動詞は -AR 動詞の直説法現在の活用語尾を使います。1 人称単数は 3 人称単数と同じ語尾です。

HABLAR		COMER		VIVIR	
habl**e**	habl**emos**	com**a**	com**amos**	viv**a**	viv**amos**
habl**es**	habl**éis**	com**as**	com**áis**	viv**as**	viv**áis**
habl**e**	habl**en**	com**a**	com**an**	viv**a**	viv**an**

3 接続法の用法 I — 名詞節の中で　El subjuntivo en las oraciones subordinadas sustantivas

(1) 願望や要求を表す動詞の後

Espero que lleguemos a tiempo. / ¿Quieres que te ayude?

Os aconsejo que comáis más verdura. / Te pido que me llames esta noche.

(2) 否定や疑いを表す動詞の後

No creo que a Fernando le guste la comida japonesa.

cf. Creo que a Fernando le gusta la comida japonesa.

(3) 感情や評価を表す動詞の後

Siento que os marchéis tan pronto. / Es importante que estudies mucho.

Me sorprende que tu madre cante tan bien.

4 不定詞の用法　Usos del infinitivo

(1) 文の中で名詞の役割を果たします。

主語として：　　　　Es mejor olvidarlo todo.　　　　*cf.* Es mejor que lo olvidemos todo.

直接目的語として：Quiero trabajar en esta compañía.　*cf.* Quiero que trabajéis en esta compañía.

前置詞の後で：　　Me alegro de verte.　　　　　　*cf.* Me alegro de que veas a tu familia.

(2) 他の動詞と組んで動詞句を作ります。

Pareces muy cansada. Tienes que dormir más.　（tener que ＋不定詞）

Ya son las nueve. Vamos a llegar tarde.　（ir a ＋不定詞）

Lo siento. No volveré a hacerlo.　（volver a ＋不定詞）

基本練習　Ejercicios

1. 例にならって、否定で答えましょう。Contesta en negativo como en el ejemplo.

> **Ej.** ¿Crees que canta bien Javier? —No, no creo que cante bien.

1) ¿Cree usted que los Gigantes ganarán el partido de esta noche?

2) ¿Piensas que yo gasto demasiado dinero en ropa?

3) ¿Creéis que debemos llamar a la policía?

4) ¿Piensan ustedes que sube el dólar este año?

2. 例にならって下線部を書き換えましょう。Escribe como en el ejemplo.

> **Ej.** Te aconsejo <u>comer más verdura</u>. → Te aconsejo _que comas más verdura_ .

1) Os recomendamos <u>aprender un nuevo idioma</u>. →

2) No les recomiendo <u>abrir este enlace</u>. →

3) El médico me aconseja <u>bañarme antes de acostarme</u>. →

4) Luis nos pide <u>llevarlo a la estación</u>. →

3. 例にならい p. 44 の「感情Ⅰ」の表現を使って返答を完成させましょう（複数解答可）。Elige una expresión de sentimientos de la página 44 y reacciona como en el ejemplo. Hay varias posibilidades.

> **Ej.** Mis hijos me ayudan mucho. —Me alegro de que tus hijos te ayuden mucho.

1) Visito a mis abuelos todos los domingos. —

2) A Sandra le gusta viajar sola. —

3) Esteban y Blanca se casarán el mes que viene. —

4) Manuel suspenderá el curso. —

4. 動詞を接続法現在、または直説法現在に活用させましょう。¿Subjuntivo o indicativo?

1) ¿Quieres que yo te (ayudar) _____ con los deberes?

2) Natalia piensa que su marido (beber) _____ demasiado.

3) Nadie va a creer que tú (cocinar) _____ tan bien.

4) Me da miedo que a mi padre le (pasar) _____ algo.

5) Creo que los jóvenes (deber) _____ leer más.

6) Espero que te (gustar) _____ mi regalo.

7) Es importante que vosotros (estudiar) _____ con ganas.

8) Dicen que (abrir, ellos) _____ un nuevo centro comercial en esta zona.

46

応用練習　Actividades comunicativas

1. 例にならい、1)〜4) について互いに申し出と承諾・断りの応答練習をしましょう。その後音声を聞いて答えが承諾か断りかを言いましょう。Haz estos ofrecimientos a tu compañero. Acepta o rechaza como en el ejemplo. Después escucha y di si han aceptado o no.　◀40

例　llevarte a la estación → ¿Quieres que te lleve a la estación?
　　　　　　　　　　　　　—Sí, por favor. / No, gracias, no hace falta. Puedo ir a pie.

1) acompañarte al despacho del profesor

2) prestarte la bicicleta

3) ayudarte a hacer los deberes

4) abrir la ventana

2. 例にならい、以下の校則について意見を言いましょう。Dad vuestras opiniones sobre las siguientes reglas del instituto.

> ✓ Nadie se queda en el instituto después de las cinco.
> ✓ Los que llegan tarde a clase no entran en el aula.
> ✓ En la clase no se usa el móvil.
> ✓ Los chicos deben llevar pantalones y las chicas falda.
> ✓ No se permiten zapatos de tacón.
> ✓ Los profesores y los alumnos limpian el aula después de clase.

例　Es ridículo que no se permitan los zapatos de tacón.
　　—Estoy de acuerdo. / Yo creo que está bien.

例　Me parece bien que no usemos el móvil en la clase. Así nos concentramos más.
　　—A mí me parece muy mal. No me gusta nada.

みんなで話そう　Pensemos y hablemos

▶ **Os recomiendo que leáis esta novela**

　コロンビア出身のノーベル文学賞作家 García Márquez（1928–2014）は、*Cien años de soledad*（『百年の孤独』、1967）や *El otoño del patriarca*（『族長の秋』、1975）を始めとする数々の著作の中で、事実と願望、現実と幻想との間に差異を設けず、時空を超えて語る **realismo mágico**（魔術的リアリズム）と呼ばれる手法で、欧米的な合理主義とは全く異なる世界観や歴史観、土地に伝わる神話や風習を描きだし、1960 年代のラテンアメリカ文学ブームを代表する存在となりました。映画 *Encanto* は魔術的リアリズムの手法を映画で具現しようとしたものと言えるでしょう。時空を超えて話が展開する文学・映画・アニメ作品などについてその面白さや意味を話し合い、それぞれの歴史的文化的背景についても考えましょう。

9 将来やってみたいこと

Mis deseos para el futuro

Raúl と加奈が将来の夢について話しています。Raúl y Kana hablan sobre sus sueños para el futuro. ◀41

— ¿Cómo crees que será tu vida en el futuro?

— ¡Yo tengo un sueño! Crearé mi propia empresa de informática.

— ¿Y qué harás cuando tengas mucho dinero?

— Compraré una casa que esté en el campo.

— ¿En el campo? Yo prefiero una casa que esté en el centro de la ciudad.

いろいろな働き方 Diferentes formas de trabajo ◀42

trabajar en una compañía (ONG)	trabajar por horas	cuidar a niños (mayores)
poner un negocio	crear una empresa	hacerse especialista en Economía

♦ 将来自分がやってみたいことと両親が望んでいることを表しましょう。Di lo que te interesa hacer y lo que tus padres quieren que hagas.

EJ. Quiero trabajar en una ONG, pero mis padres quieren que trabaje en un banco.

自然環境と社会環境 Circunstancias naturales, ambientales y sociales ◀43

naturaleza	terremotos	contaminación	mucha (poca) gente
paz	guerra	violencia	igualdad de género	discriminación

♦ どんな場所に住んでいるかを例にならって言いましょう。Di en qué tipo de lugar vives.

EJ. Vivo en un lugar donde (no) hay mucha gente.

街の特徴 Características de lugares ◀44

seguro	peligroso	tranquilo	ruidoso	moderno	antiguo
tradicional	histórico	artístico	cómodo	bonito	importante

♦ どんな都市が上の特徴を持っているか言いましょう。¿Qué ciudades tienen estas características?

EJ. Creo que Kioto es una ciudad histórica.

文法のポイント　Gramática

1 接続法現在：不規則活用　Presente de subjuntivo: verbos irregulares

語根が以下のように不規則になります。語尾は規則変化です。

(1) 1 人称単数が -o で終わる特別な形を持つ動詞

　　直説法現在の 1 人称単数から -o を取って規則語尾を付けます。

HACER (yo hago)	
haga	hagamos
hagas	hagáis
haga	hagan

DECIR: diga, digas, diga...　　PONER: ponga, pongas, ponga...

SALIR: salga, salgas, salga...　　VENIR: venga, vengas, venga...

CONOCER: conozca, conozcas, conozca...　　VER: vea, veas, vea...

(2) 語根母音変化する -IR 動詞

　　1・2 人称複数で e → i、o → u と変化します。

SENTIR (yo siento)		DORMIR (yo duermo)	
sienta	sintamos	duerma	durmamos
sientas	sintáis	duermas	durmáis
sienta	sientan	duerma	duerman

＊語根母音変化する -AR・-ER 動詞の 1・2 人称複数の活用は直説法現在と同様に規則的です。

　　VOLVER: vuelva, vuelvas, vuelva, volvamos, volváis, vuelvan

(3) 1 人称単数が -o で終わらない動詞

　　ESTAR: esté, estés, esté, estemos, estéis, estén　　SER: sea, seas, sea, seamos, seáis, sean

　　IR: vaya, vayas, vaya, vayamos, vayáis, vayan　　DAR: dé, des, dé, demos, deis, den

　　SABER: sepa, sepas, sepa, sepamos, sepáis, sepan

2 接続法の用法 II — 形容詞節の中で　El subjuntivo en las oraciones subordinadas relativas

　　Quiero vivir en un lugar que sea tranquilo.　　　　　　（不特定のもの→接続法）

　　En este barrio no hay ningún lugar que sea tranquilo.　　（存在しないもの→接続法）

　　cf. Por aquí hay muchas zonas residenciales que son tranquilas.　（存在しているもの→直説法）

3 接続法の用法 III — 副詞節の中で　El subjuntivo en las oraciones subordinadas adverbiales

(1) 時の副詞節：未来の出来事→ Puedes llamarme cuando quieras.

　　cf. 習慣的な出来事は直説法→ Mi hermana me llama cuando quiere.

(2) 譲歩の副詞節：仮の話「たとえ〜でも」→ No me voy de aquí aunque haya muchos terremotos.

　　cf. 現実の話「〜だが」では直説法→ No me voy de aquí aunque hay muchos terremotos.

(3) 目的の副詞節「〜するように」→ Pondré un anuncio en internet para que venga mucha gente.

　　cf. 理由節「〜なので」では直説法→ No me gusta salir los domingos porque hay mucha gente.

1. 例にならって文を完成させましょう。Escribe como en el ejemplo.

> **EJ.** En este país no cuidan la naturaleza. Quiero vivir en un lugar *donde la cuiden* .
>
> Mi coche no corre mucho. Quiero comprar uno *que corra más* .

1) Este barrio no es seguro. Voy a alquilar un piso en un barrio _____ .

2) En esta ciudad hay mucha violencia. ¿Existirá un país _____ ?

3) Este hotel queda lejos del centro histórico. Vamos a buscar otro _____ .

4) Esta clínica no tiene especialistas en garganta. ¿Conoces algún hospital _____ ?

2. 動詞を接続法現在、または直説法現在に活用させましょう。¿Subjuntivo o indicativo?

1) En el futuro quiero vivir en un lugar donde no (hacer) _____ calor.

2) Conozco a una chica que (saber) _____ mucho del cine argentino.

3) ¿Nos recomienda usted un restaurante que (servir) _____ un buen ceviche?

4) ¿En esta clase hay alguien que (tocar) _____ el piano?

5) Hemos comprado una casa en una zona donde no (haber) _____ mucho ruido.

6) Buscamos una persona que nos (cuidar) _____ al niño.

7) ¿Cuándo podremos vivir en un mundo donde nadie (morir) _____ en una guerra?

8) Vivimos en un país que no (respetar) _____ la igualdad de género.

3. 枠内から適切な語句を選んで［　］内に入れ、動詞を接続法現在に活用させて文を完成させましょう。
Completa con alguna de estas expresiones y conjuga el verbo en presente de subjuntivo.

antes de que　　 después de que　　 hasta que　　 mientras

1) Tenéis que quedaros aquí [_____] (venir) _____ la policía.

2) Nos iremos [_____] (empezar) _____ a llover.

3) Podemos empezar [_____] (llegar) _____ todos.

4) No te pasará nada [_____] yo (estar) _____ contigo.

4. （　）内の動詞を適切な形に変えて、1) 〜 5) と a) 〜 e) を結びつけましょう。Relaciona y conjuga el verbo.

1) Te dejo aquí este regalo　　　　　　　a) porque (tener, yo) _____ fiebre.

2) Te llamaré　　　　　　　　　　　　b) para que se lo (dar) _____ a tu madre.

3) Hoy no voy a clase　　　　　　　　　c) aunque no (querer, tú) _____ hacerlo.

4) Normalmente vemos la televisión　　　d) cuando (salir, yo) _____ del trabajo.

5) Tienes que hablar con tu padre　　　　e) mientras (cenar, nosotros) _____ .

応用練習　Actividades comunicativas

1. 音声を聞いて Luis と Marta が必要としているものの特徴を書きましょう。その後、自分達が必要な
ものとその特徴についてグループで話しましょう。Escucha la conversación entre Luis y Marta y escribe
las características de las cosas que necesitan. Después, en grupo, hablad de las cosas que necesitáis y explicad sus
características. ◀45

1) Marta quiere un ordenador que _____.

2) Marta quiere un trabajo por horas que _____.

3) Marta quiere un móvil que _____.

4) Luis quiere un coche que _____.

2. 以下の場合に何をするか、クラスメートと尋ね合いましょう。Pregunta a tu compañero qué hará en las
siguientes situaciones:

例． vivir solo/a → ¿Qué harás cuando vivas solo? —Cuando viva solo, tendré dos gatos.

1) terminar esta clase　　　**2)** graduarse　　　**3)** encontrar trabajo

4) tener mucho dinero　　　**5)** ir a España　　　**6)** volver a casa hoy

3. 1) 〜 6) と a) 〜 f) を結びつけ、音声で確認しましょう。Relaciona y confirma con el audio. ◀46

1) Yo no quiero vivir en una ciudad

2) Aunque sea barato,

3) Conozco poca gente que

4) Mientras no haya igualdad de género,

5) Antes de que vuelvas a tu país,

6) Los presidentes deben hablar para que

a) la sociedad no será justa.

b) viva en un barrio tan peligroso.

c) tenemos que ir al museo moderno.

d) la guerra termine pronto y haya paz.

e) donde haya mucha contaminación.

f) es un piso muy ruidoso y no me gusta.

みんなで話そう　Pensemos y hablemos

▶ **¿Quién quieres que gane las elecciones?**

　国によって選挙権を得られる年齢は異なりますが（最年長21歳、最
年少16歳）、世界の主流は18歳で、日本は2016年6月の法改正によ
り18歳以上に選挙権が認められるようになりました。16歳の国は7か
国（アルゼンチン、エクアドル、オーストリア、キューバ、ニカラグア、
ブラジル、マルタ）で、うち5か国が中南米です。世界には投票しないと罰則が科される国も多くあり、
スペイン語圏でもウルグアイ、パラグアイ、アルゼンチン、ペルー、エクアドルなどがそれに当た
ります。また、キューバでは子供たちを幼い時から投票に立ち会わせるなどして、政治参加への意
識を高めています。選挙で投票する意味や日本で投票率が低い理由などについて話し合いましょう。

Patricia と Raúl が友人のホームパーティーに招待されます。Una amiga invita a Patricia y Raúl a casa. ◀47

— ¡Hola! ¡Bienvenidos! Adelante, os estaba esperando.

— Sara, toma. Esto es para ti.

— ¡Qué flores tan bonitas! Gracias, Raúl.

— Y yo te traigo una botella de vino.

— Gracias, Patricia. Pasad, pasad. Sentaos. Estáis en vuestra casa.

もてなしの表現 Expresiones de hospitalidad ◀48

Pasa / **Pasad** al salón. (   )   **Toma** / **Tomad** más tarta. (   )

Prueba / **Probad** la paella. (   )   **Pide** / **Pedid** más pan. (   )

Pon / **Poned** música. (   )   **Siéntate** / **Sentaos**. (   )

Sírvete tú mismo / **Servíos** vosotros mismos. (   )

Ponte cómodo / **Poneos** cómodos. (   )

◆ 下線部の動詞は tú / vosotros に対する命令形です。不定詞の形を書きましょう。Escribe el infinitivo de los verbos subrayados.

手土産 Regalos para llevar a casa ◀49

bombones	dulces	tarta	licor	ramo de flores	planta

＊既習語：botella de vino   pasteles

誕生日プレゼント Regalos de cumpleaños ◀50

taza	reloj	pañuelo	guantes	bufanda	cosméticos

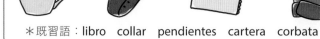 

＊既習語：libro   collar   pendientes   cartera   corbata

◆ 以下のように不定冠詞をつけて練習しましょう。Practica como en el ejemplo.

> **EJ.** Toma, esto es para ti. —¡Gracias! ¿Qué es? —Son <u>unos pendientes</u>.

文法のポイント　Gramática

1 肯定命令　Imperativo afirmativo

CANTAR	
—	cant**emos**
cant**a**	cant**ad**
cant**e**	cant**en**

(1) tú に対する肯定命令：直説法現在 3 人称単数形と同じです。

(2) vosotros に対する肯定命令：不定詞の -r を -d に変えます。

(3) usted, ustedes, nosotros に対する肯定命令：接続法現在の形を使います。

tú に対する肯定命令には以下のような不規則形があります（vosotros に対する肯定命令には不規則形はありません）。

decir → **di**	hacer → **haz**	ir　　・**ve**	poner → **pon**
salir → **sal**	ser → **sé**	tener → **ten**	venir → **ven**

命令形は、命令だけでなく、依頼、誘い、忠告、提案などさまざまな意味で使われます。

Escriba su nombre aquí.

Adelante. Pasen, pasen.

Parece que va a llover. Lleva un paraguas.

Todavía hay tiempo. Esperemos un poco más.

2 否定命令　Imperativo negativo

CANTAR	
—	no cant**emos**
no cant**es**	no cant**éis**
no cant**e**	no cant**en**

全て接続法現在の形を使います。

No bebas tanto.

No hablemos de ese tema.

3 命令形と目的人称代名詞・再帰代名詞　El imperativo y los pronombres átonos

直接目的人称代名詞（me, te, lo/la, nos, os, los/las）、間接目的人称代名詞（me, te, le, nos, os, les）、再帰代名詞（me, te, se, nos, os, se）は、肯定命令の場合は動詞の語末に付け、否定命令の場合は動詞の直前に置きます。肯定命令では、アクセント符号が必要になる場合があるので注意しましょう。

Llámelo. / No lo llame.

Díselo. / No se lo digas.

Levántate. / No te levantes.

★ 再帰代名詞の nos と os が肯定命令形に付くと動詞の形が変わります。

sentemos + nos → sentémonos （-s- が落ちる）

duchad + os → duchaos （-d- が落ちる）

★ irse の nosotros に対する肯定命令形は vayámonos ではなく vámonos を使います。

1. 命令形を使って下線部を書き換えましょう。Escribe la parte subrayada usando el imperativo.

1) Mamá, ¿puedo ir al parque? —Sí, pero <u>vuelves</u> antes de las cinco.

2) Señores, <u>no hacen ruido</u>. Estamos en un hospital.

3) Niños, ya es hora de dormir. <u>Vais a la habitación.</u>

4) <u>No comes tantos dulces.</u> Vas a engordar.

5) <u>Me dices la verdad.</u> ¿Por qué lo has hecho?

6) Chicos, en mi clase <u>no usáis el móvil</u>.

7) Perdón, <u>¿me pasa usted la sal?</u>

8) Mañana <u>vienes aquí</u> a las nueve.

9) La mesa está sucia. <u>¿Me la limpia</u>, por favor?

10) No me gusta nada lo que ha hecho usted. <u>No vuelve a hacerlo.</u>

11) La cena está lista. <u>Os laváis las manos.</u>

12) <u>No te olvidas de llamarme</u> cuando llegues a la estación.

2. 肯定命令を否定命令に、否定命令を肯定命令に変えましょう。Cambia la frase a negativa o a afirmativa.

1) Regálele bombones a Juan. ....

2) No me esperéis. ....

3) No te pongas los guantes. ....

4) Quitaos la bufanda. ....

5) Cómprale un ramo de flores. ....

3. （　）内の説明を参考に、下線の語を代名詞に変えて命令形で答えましょう。Contesta con el imperativo usando el pronombre.

> 例 ¿Puedo usar <u>esta taza</u>? （友人に）— *Sí, sí, úsala. / No, no la uses.*

1) ¿Puedo probar <u>estos cosméticos</u>? （店内で）

2) ¿Podemos poner <u>las plantas</u> aquí? （運送業者が客に）

3) ¿Puedo enseñar <u>estas fotos</u> a mi hermana? （友人に）

4) ¿Mamá, podemos tirar <u>estos guantes</u>? （家庭で）

5) ¿Puedo llevarme <u>este folleto</u>? （観光案内所で）

1. 友人を家に招待したときの会話です。動詞を命令形に活用させ、音声の順に番号を入れましょう。
Conjuga el verbo en imperativo, después escucha y ordena las frases.　　　　　　　　　　◀ 51

a) (Probar, tú) _____ este plato. Está riquísimo.　　　　　　　　[　　]

b) (Venirse, tú) _____ conmigo. Sirven un café buenísimo.　　　　[　　]

c) Todavía es temprano. (Quedarse, tú) _____ un poco más.　　　[　　]

d) (Pasar, vosotros) _____ , (pasar, vosotros) _____ . Os estábamos esperando.

　　　　　　　　　　　　　　　　　　　　　　　　　　　　　　　　[　　]

e) (Sentarse, tú) _____ aquí. Quería hablar contigo.　　　　　　[　　]

f) ¡Cuidado! No (tocar, tú) _____ ese cuadro. Es muy caro.　　　[　　]

g) (Ponerse, vosotros) _____ cómodos. Estáis en vuestra casa.　　[　　]

h) (Sacarla, tú) _____ a bailar. No (ser, tú) _____ tan tímido.　[　　]

2. 下線の動詞の否定命令を使って答え、さらに一文自由に加えましょう。波線の語は代名詞に変えましょう。Reacciona usando el imperativo negativo del verbo subrayado. Usa el pronombre para las palabras con la línea ondulada. Agrega una información más.

　　　　🔲　¿Pedimos pizza? — *No, no la pidamos.　Ya estamos llenos.*

1) Voy a traer más pan. — _____ . _____ .

2) ¿Ponemos esta canción? — _____ . _____ .

3) ¿Abrimos los regalos ahora? — _____ . _____ .

4) Tengo que irme. — _____ . _____ .

5) ¿Os preparo un café? — _____ . _____ .

みんなで話そう　Pensemos y hablemos

▶ **Cuando estés en Roma, haz como hacen los romanos**（郷に入っては郷に従え）

　異なる文化圏に入ると、自分とは異なるやり方や距離感に戸惑うことがあります。日本では自宅に友人を招いた場合、客間や居間だけに案内するのが一般的ですが、スペインでは家の各所（台所、寝室、子供部屋などすべて）を案内するのが親近感を示す行為とされています。招かれた場合の手土産としてはワイン、チョコレート、お洒落な焼き菓子（**pastas de té**）、花などが一般的で、日本のように果物を贈ることはまずありません。また、友人同士がバル（**bar**）などで食事や飲酒をするときは、一つの店では一人がすべて支払い、他の人は次の店や別の機会に順番に支払うというのが基本スタンスです。集まりの開始や終了の時間、ホームパーティーなどでの分担、外食時の支払い方法など自分の体験や見聞きしたことを話し合いましょう。

11 友人との再会

Reencuentro con un amigo

日本語学校の生徒たちが授業後に話しています。 Los alumnos de japonés hablan después de la clase. ◀52

— Adivinad a quién vi el otro día en casa de Kana.

— ¿A quién?

— A Gerardo. Hacía más de un año que no venía a la clase de japonés. Me sorprendió que hablara japonés perfectamente.

— Se casó con una japonesa. ¿No lo sabíais?

— Ah, ¿sí? Tal vez sea una buena manera de aprender un idioma.

感情Ⅱ Expresiones de sentimiento Ⅱ ◀53

me extrañó... me dio pena (lástima)... me hacía ilusión... estaba contento/a de...

＊既習語：me alegré de... me sorprendió... me preocupó... me dio miedo...

◆ 例にならって以下の句を上の表現につなげて言いましょう。 Relaciona.

　　EJ. En ese momento me extrañó que el profesor no llegara.

　1) conocer a tu familia　　　2) no poder ir a su boda　　　3) aprobar todos los exámenes

　4) que el profesor no llegara　　5) que tu hijo jugara en el equipo nacional

---

「たぶん」を表す副詞 Adverbios de probabilidad ◀54

probablemente　　　posiblemente　　　quizás　　　tal vez

◆ 1)〜3) と a)〜c) を結びつけましょう。 Relaciona.

　1) La luz está apagada.　　　　　　a) Quizás esté en el tren.

　2) Raquel no contesta al teléfono.　　b) Probablemente haya mucho tráfico.

　3) Elena tarda mucho en volver.　　　c) Tal vez todos estén durmiendo.

期間を表す hacer El verbo *hacer* para expresar un período de tiempo ◀55

Hace una semana que...　　　　　　Hacía unos días que...

◆ 以下の質問に答えましょう。 Contesta.

　1) ¿Cuánto tiempo hace que aprendes inglés?

　2) ¿Cuándo viste por última vez a tus abuelos? ¿Cuánto tiempo hacía que no los veías?

文法のポイント　Gramática

1 接続法過去　Imperfecto de subjuntivo

CANTAR (-ra 形)	
cantara	cantáramos
cantaras	cantarais
cantara	cantaran

SUBIR (-ra 形)	
subiera	subiéramos
subieras	subierais
subiera	subieran

TENER (-ra 形)	
tuviera	tuviéramos
tuvieras	tuvierais
tuviera	tuvieran

直説法点過去の 3 人称複数の形から -ron を取って、-ra, -ras, -ra, -ramos, -rais, -ran を付ける -ra 形と、-se, -ses, -se, -semos, -seis, -sen を付ける -se 形 があります。それぞれ 1 人称複数形の -ramos、-semos の前の母音にアクセント記号が付きます。二つの活用形は、同じ意味で用いられます。

＊本書では -ra 形のみを練習します。

2 接続法過去の用法　Usos del imperfecto de subjuntivo

(1) 接続法を必要とする構文で主節の動詞が過去形の場合、主節に合わせて従属節も過去形になります（時制の一致）。

Quería que vinieras a la fiesta.

cf. Quiero que vengas a la fiesta.

Necesitaba unos guantes que no fueran muy caros.

cf. Necesito unos guantes que no sean muy caros.

Le mandé una bufanda para que no pasara frío.

cf. Le mandaré una bufanda para que no pase frío.

(2) 主節の動詞が現在で従属節が過去の出来事を表すときにも使われます。

Me alegro de que anoche pudieras volver a casa sin problema.

(3) 願望文（→ 3 独立文における接続法）や非現実的な仮定を表す条件文（→ Lección 12）で用いられます。

3 接続法の用法Ⅳ — 独立文の中で　El subjuntivo en las oraciones independientes

(1)「たぶん」を表す副詞の後では、接続法と直説法のどちらも使うことができます。直説法を使う方が確信の度合いが高くなります。

Tal vez llueva mañana. / Tal vez lloverá mañana.

Probablemente Ana esté enferma. / Probablemente Ana está enferma.

(2) 願望文では必ず接続法が用いられます。実現可能性のある願望は接続法現在で、実現可能性が無い（または低い）願望は接続法過去で表されます。

¡Que tengas buen viaje!	(相手の幸運を願う願望)
¡Ojalá lleguemos a tiempo!	(実現可能性のある願望)
¡Ojalá pudiera jugar en el equipo nacional!	(実現可能性の低い願望)
¡Ojalá fuera más joven!	(実現可能性の無い願望)

1. 動詞を接続法過去形に活用させましょう。Escribe la forma adecuada de imperfecto de subjuntivo.

1) Quería que mi padre me (comprar) _____ un ordenador nuevo pero no me lo compró.

2) Yo no creía que tú (saber) _____ tocar el piano tan bien.

3) Me sorprendió que ningún estudiante (conocer) _____ esta novela.

4) La abuela estaba contenta de que nosotros le (escribir) _____ a menudo.

5) Necesitábamos un guía que (tener) _____ mucha experiencia.

6) Pensaba llamarte cuando (terminar) _____ el trabajo.

2. 接続法過去または直説法線過去を入れて文を完成させましょう。¿Imperfecto de subjuntivo o de indicativo?

1) Creía que (estar, tú) _____ contenta con el nuevo trabajo.

2) Me hacía mucha ilusión que nuestro equipo (ganar) _____ el campeonato.

3) Nos preocupaba que nuestro hijo (suspender) _____ el curso.

4) Me pareció que los niños (querer) _____ contarte algo importante.

5) Yo estudié en una universidad donde (haber) _____ muchos estudiantes extranjeros.

6) Quería vivir en un lugar donde no (hacer) _____ tanto calor.

3. (　) 内の動詞を接続法現在に活用させ、1) 〜 4) と a) 〜 d) を結びつけて会話文を完成させましょう。
Relaciona con la respuesta adecuada y conjuga el verbo en subjuntivo.

1) Tengo una entrevista importante.　　a) ¡Ojalá (hacer) _____ buen tiempo!

2) Buenas noches, mamá.　　b) ¡Que (mejorarse) _____ pronto!

3) Mañana iremos de excursión.　　c) ¡Que (descansar, tú) _____ !

4) Mi hermano tiene fiebre.　　d) ¡Que te (ir) _____ bien!

4. 例にならって実現可能性のない願望文を書きましょう。Escribe un deseo irreal como en el ejemplo.

EJ. Quiero subir al monte Fuji, pero no soy joven. → ¡Ojalá fuera joven!

1) Necesito un coche nuevo, pero no tengo dinero.

2) Hay una fiesta esta noche, pero estoy enferma.

3) Me gusta esta oficina, pero el jefe se enfada enseguida.

4) Me han invitado a ir al karaoke, pero no sé cantar bien.

5) Les digo a mis hijos que limpien la habitación, pero no me hacen caso.

応用練習　Actividades comunicativas

1. 接続法過去を使って応答し、さらに自由に文を足しましょう。足した文をクラスメートと比べましょう。Reacciona como en el ejemplo. Añade una frase más y compara con tus compañeros.

例　Soy chilena. —¿En serio? No creía que fueras chilena. Creía que eras argentina.

1) Me interesa trabajar en el extranjero. —¿En serio? No creía que ....

2) Mis hijos viven en Buenos Aires. —¿De verdad? No creía que ....

3) Sé preparar comida tailandesa. —¿En serio? No creía que ....

4) Quiero ser escritora. —¿De verdad? No creía que ....

2. 久しぶりに会った友人同士の会話を聞いて空欄に適切な語を入れましょう。Escucha y completa. ◀ 56

Manuela : Hola, Ángel, ¡cuánto (1. ....)!

Ángel : Sí, creo que (2. ....) más de <u>cinco años</u> que no nos veíamos.

Manuela : ¿Qué tal? ¿Cómo has estado? ¿Y tu familia, están todos bien?

Ángel : Gracias, Manuela. Todos estamos bien. <u>Nuestra hija, Nuria</u>, se (3. ....) a <u>Inglaterra</u> para <u>estudiar teatro</u>.

Manuela : Ah, ¿sí? No sabía que <u>a tu hija le (4. ....) el teatro</u>.

Ángel : Sí, la verdad es que a nosotros también nos (5. ....) que <u>quisiera estudiar teatro</u>.

Manuela : ¿Cuánto tiempo (6. ....) en Inglaterra?

Ángel : <u>Ella</u> piensa <u>estar</u> (7. ....) años. ¡Ojalá (8. ....) lograr su sueño de ser actriz!

3. 2. の会話の下線部を自由に変えて練習し、クラスで発表しましょう。Ahora haced una conversación parecida cambiando la parte subrayada del ejercicio 2 e interpretadla ante la clase.

みんなで話そう　Pensemos y hablemos

▶ **¿Dónde conociste a tu mejor amigo?**

　社会人になるまでは、友人を作る場所は授業あるいは部活などの課外活動だという人が多いのではないでしょうか。これらの場所では先輩－後輩の関係が重要視され、先輩には敬語で話すというケースがよく見られます。また学校を卒業してからも「同窓会」という形で、同じ年齢で共に学生生活を送った人が一生に亘って付き合いを続けることもあります。一方スペインでは、日本であるような形の部活動も同窓会もありません。学習、仕事、趣味などの場で個人的に知り合った人たちと友情を育み、しばしば家族ぐるみで付き合います。大切な友人と知り合ったきっかけや場所、友人との距離の取り方、体験の共有など、関係を大切にしていく方法について話し合いましょう。

12 もし君と知り合わなかったら…

Si no te hubiera conocido...

メキシコへの帰国を数日後に控えている Patricia が加奈と話しています。

Patricia, que saldrá para México dentro de unos días, habla con Kana.

— La semana próxima ya estaré en Ciudad
de México.

— Sí, te voy a echar de menos. Si no te
hubiera conocido en aquel restaurante,
no habría empezado a estudiar español
y mi vida sería muy diferente.
¡Todo empezó gracias a ti!

IanC66 / Shutterstock.com

悩み Problemas ◀58

Me pagan mal.	No tengo amigos.	Soy muy tímida.	Mi madre es muy estricta.

Bailo muy mal.	No me gusta estudiar.	Veo mal.	No sé hablar inglés.

解決後の変化 Posibles consecuencias ◀59

empezar algo nuevo   vivir en otro país   hablar con muchas personas

disfrutar de la vida   comprar un coche nuevo   encontrar buen trabajo

realizar un sueño   salir más

◆ 悩みと逆の状況を仮定して、解決後の変化の文と組み合わせ、例にならって条件文を作りましょう。

Combina los problemas con las posibles consecuencias y haz una oración condicional.

EJ. Si me pagaran mejor, compraría un coche nuevo.

予期しない出来事 Sucesos imprevistos ◀60

tener un accidente   perder el avión   ganar un premio   ponerse enfermo

equivocarse de lugar   enamorarse de alguien   olvidarse de una cita

◆ 下線部に上の表現を適切な形で入れて、過去の出来事と反対のことを想像する条件文を作りましょう。

Imagina qué habría pasado si no hubiera ocurrido lo que pasó.

EJ. ¿Qué habría pasado si no hubiera tenido un accidente aquel día?

文法のポイント　Gramática

1 接続法現在完了と過去完了　Pretérito perfecto y pluscuamperfecto de subjuntivo

CANTAR 接続法現在完了	
haya cantado	hayamos cantado
hayas cantado	hayáis cantado
haya cantado	hayan cantado

〈haber の接続法現在＋過去分詞〉
接続法を必要とする構文で、現在よりも前に起こったことを表すときに用いられます。

CANTAR 接続法過去完了（-ra 形）	
hubiera cantado	hubiéramos cantado
hubieras cantado	hubierais cantado
hubiera cantado	hubieran cantado

〈haber の接続法過去＋過去分詞〉
接続法を必要とする構文で、過去のある時点よりも前に起こったことを表すときに用いられます。

Yo no creo que Javier haya estado en Japón.

Yo no creía que Javier hubiera estado en Japón.

2 条件文　Oraciones condicionales

(1) 実現可能性のある仮定を含む条件文。〈si ＋直説法現在や過去〉＋〈直説法の各時制、命令形など〉

Si hace buen tiempo mañana, saldremos a pasear.

＊ si の後に直説法未来は使われない　✕ Si hará buen tiempo mañana, saldremos a pasear.

Si quieres, llámame después.

Si llovía, íbamos en taxi.

(2) 実現可能性の無い（低い）仮定を含む条件文。〈si ＋接続法過去〉＋〈直説法過去未来〉

Si hiciera buen tiempo, saldríamos a pasear. （実際はそうではないのだが、もし～だとしたら～するだろう）

＊ si の後に接続法現在は使われない　✕ Si haga buen tiempo, saldríamos a pasear.

(3) すでに起こってしまったことと反対のことを仮定する条件文。

〈si ＋接続法過去完了〉＋〈直説法過去未来完了（haber の直説法過去未来＋過去分詞）〉

Si hubiera hecho buen tiempo ayer, habríamos salido a pasear.

（実際はそうではなかったのだが、もし～だったとしたら～しただろう）

3 直説法過去未来の用法 II　Usos del condicional II

（→直説法過去未来の用法 I、Lección 7）

(1) 非現実的な条件に基づいて予想や意志を表します。（→ 2 条件文 (2)）

Si estuviera en tu lugar, yo no lo haría.

Sin ti yo no podría vivir.

(2) 丁寧表現で多用されます（実現が難しいということを含みながら遠慮がちに伝える）。

¿Podría usar este ordenador? （もし可能であるなら～してもいいでしょうか？）

Me gustaría hablar con el director. （もしできるものなら～したいのですが）

基本練習　Ejercicios

1. 接続法現在完了形または過去完了形を入れて文を完成させましょう。Escribe la forma adecuada de pretérito perfecto o pluscuamperfecto de subjuntivo.

1) Me pareció raro que Raúl no me (llamar) _____ .

2) Mis padres están contentos de que yo (aprobar) _____ el curso.

3) No puedo creer que mi marido (olvidarse) _____ de mi cumpleaños.

4) Fue una lástima que tú (perder) _____ el pasaporte.

5) Me sorprendió que el profesor no (ver) _____ esta película.

2. 動詞を適切に活用させ、1)〜4) と a)〜d) を結びつけて、実現可能性のない仮定を含む条件文を完成させましょう。Conjuga y relaciona para hacer oraciones condicionales irreales.

1) Si yo (ser) _____ tu madre,　**a)** si (estar) _____ más cerca.

2) Si (tener, nosotros) _____ tiempo,　**b)** no te (permitir) _____ llegar tan tarde.

3) Ella (poder) _____ realizar su sueño,　**c)** si (ser) _____ más trabajadora.

4) (Visitar, yo) _____ tu casa,　**d)** os (llevar) _____ hasta la estación.

3. 例にならって過去に起こったことと反対のことを仮定する条件文を作りましょう。Escribe oraciones condicionales irreales en pasado como en el ejemplo.

> **EJ.** No pudimos vernos porque me equivoqué de hora.
> → Si no me hubiera equivocado de hora, habríamos podido vernos.

1) Él no pudo terminar esta obra porque se puso enfermo.

2) No disfruté de la fiesta porque no estabas tú.

3) Tuve problemas porque perdí mi cartera en el tren.

4) Me enamoré de Óscar porque me ayudó cuando ocurrió el terremoto.

4. 枠内から選んだ動詞を直説法過去未来に活用させて下線部に入れ、応答を完成させましょう。Elige un verbo del recuadro y conjúgalo en la forma adecuada de condicional.

gustar	poder	importar	preferir

1) Perdón, ¿ _____ usted bajar el volumen de la música? —Sí, sí, no hay problema.

2) Me duelen mucho los pies. Hoy _____ quedarme en casa. —De acuerdo. ¡Que te mejores!

3) Me _____ ayudarte, pero ahora no tengo tiempo. —Vale. No te preocupes.

4) ¿Le _____ esperar unos minutos más? —Claro que no.

1. 「評価を表す表現」（p.44）を使って 1) 〜 3) の発言について意見を述べましょう。Expresa tu opinión sobre 1)-3) usando las expresiones de valoración (p.44).

> Mi hijo no ha conseguido la beca. → Es injusto que tu hijo no haya conseguido la beca.

1) He leído muchas veces *Genji Monogatari*.

2) Mi padre ha tenido tres accidentes de tráfico.

3) Mi hermana tiene 20 años y ya ha conocido a su pareja ideal.

2. 次の状況なら何をするか尋ね合いましょう。Pregunta a tus compañeros qué harían en estas circunstancias.

> poder viajar a otra época → ¿Qué haríais si pudierais viajar a otra época?
>
> —Yo viajaría a la época de Heian para hablar con Murasaki Shikibu. — Yo...

1) poder viajar a otra época

2) ser el alcalde de tu ciudad

3) hoy (nosotros) no tener clase

4) acabarse el mundo mañana

3. 健太の京都への旅はあまりうまくいきませんでした。例にならってどうしたらうまくいったかを表す文を作りましょう。その後、音声を聞いて起きたことに〇、起きなかったことに×を入れましょう。Haz frases para indicar por qué Kenta tuvo problemas. Después escucha el audio y señala si ocurrió realmente o no.

> Comió mucho y se puso enfermo.
>
> → Si no hubiera comido mucho, no se habría puesto enfermo.

◀61

1) Se levantó tarde y perdió el tren. 　　(　)

2) Se olvidó de la cita con su amigo y no lo vio. 　(　)

3) Perdió la cartera y no pudo comprar regalos. 　(　)

みんなで話そう　**Pensemos y hablemos**

▶ **Deberíamos pensar más en el futuro de la Tierra**

　二酸化炭素の排出や森林伐採などによる悪影響を十分に予測せず開発を進めたことで温暖化が加速し、自然環境や生態系の破壊が生じて、地球は今や危機的状況です。今世紀末までに地球上の氷河の半数が消滅すると言われていますが、その中で最も深刻だとされている世界遺産が、アルゼンチンのロス・グラシアレス国立公園（Parque Nacional Los Glaciares）です。2012 年 6 月の「国連持続可能な開発会議」で、ウルグアイの Mújica 大統領は "¿Qué le pasaría a este planeta si ...?" と問いかけ、温暖化の阻止と意識の変革を訴えました。地球の温暖化問題について、自分たちにできることは何か話し合いましょう。

◈ スペイン語圏の文化に親しもう　**Conoce el mundo hispanohablante**

La pintura española

1. 以下は 16 〜 19 世紀のスペイン美術を代表する画家たちの作品です。絵から想像して A 欄のタイトルを選び、作者を確認しましょう。次に、B 欄の画家の紹介文を読み、該当する文の記号を入れましょう。Relaciona las obras de estos pintores con el título correspondiente y su explicación.

1)  2)  3)  4)

A a) *La Vírgen y el Niño*: Bartolomé Esteban Murillo (1617–1682)

　 b) *San Martín y el mendigo*: El Greco (1541–1614)

　 c) *El niño del carnero*: Francisco de Goya (1746–1828)

　 d) *María Teresa, Infanta de España*: Diego Velázquez (1599–1660)

B ア) Es el pintor más importante de España del siglo XVII. Trabajó para la corte y realizó numerosos cuadros de la familia real.

　 イ) Al principio pintaba escenas de la vida cotidiana. Realizó muchos retratos del rey y su familia. También pintó la tragedia de la guerra.

　 ウ) Nació en Grecia. Pintó cuadros de temas religiosos. En sus obras vemos figuras muy delgadas y alargadas, típicas del manierismo.

　 エ) Pintó cuadros religiosos con imágenes dulces de la Virgen y de ángeles. También retrató delicadamente a la gente normal.

2. 右は Velázquez の代表作 "Las meninas：女官たち（王の子供たちに仕える女性）" を模写した作品です。以下の人物がどこにいるか答えましょう。¿Dónde están las siguientes personas?

1) la princesa　　 2) el pintor　　 3) las meninas

★その他の代表的なスペインの画家たち（20 世紀）

Otros pintores españoles, maestros del siglo XX

- Pablo Ruiz Picasso (1881–1973)
- Salvador Dalí (1904–1989)
- Joan Miró (1893–1983)

どのような作品があるか調べてみましょう。

映画でスペイン語　¡Vamos al cine!

『ミラベルと魔法だらけの家』 *Encanto*

(Estados Unidos, 2021. Dirección: Byron Howard, Jared Bush, Charise Castro Smith)

　コロンビアの豊かな文化を魔術的リアリズムの手法を取り入れて色鮮やかに描いたディズニー制作のアニメ映画です。主人公は不思議な力を持つ家 Casita に住む Madrigal 家の 15 歳の少女 Mirabel、そして家族を率いるのは魔法の力で Encanto と呼ばれる町を開いた祖母 Alma。Mirabel 以外の家族は、町の人々を守るためにそれぞれ別の魔法の力を与えられていたのですが、いつの日からか Casita にひびが入り始め、家族の魔法の力はどんどん弱くなっていきました。そこで Mirabel は家族と町の人々を救うために立ち上がるのです。映画の終盤近く（1:18′）、祖母の Alma が夫の Pedro との出会いを回想するシーンでは、**"Ay oruguitas, no se aguanten más. Hay que crecer aparte y volver. Hacia delante seguirás"**（青虫たち、これ以上しがみつかないで。それぞれ育って戻ればいい。前へ進むんだ）という美しい歌が流れます。この映画は、食べ物、衣装、動植物、建築、音楽など、コロンビア文化を代表するさまざまな要素に溢れていますが、さらにコロンビアのノーベル賞作家 García Márquez の『百年の孤独』に登場する黄色い蝶が随所に現れます。

『EVA〈エヴァ〉』 *Eva*

(España, 2011. Dirección: Kike Maíllo)

　ロボットが人間と共存する 2041 年を舞台としたこの映画は、サイエンス・フィクションに関心を持つ Kike Maíllo の最初の監督作品で、ゴヤ賞を複数部門で受賞しました。人工頭脳・ロボットを研究する科学者 Álex は、新任務に就くために研究者としての基礎を築いた Santa Irene の街に 10 年ぶりに帰り、兄 David とその妻となった元恋人であり元同僚である Lana に再会します。2 人の娘の Eva に不思議な魅力を感じた Álex は彼女をモデルにして子供のロボットを開発しようと Eva に近づき、Eva もまた Álex に興味を持って彼の家を訪れるようになります。Álex の世話や家事をするロボット執事 Max は初対面の Eva に **"Toma asiento, estarás más cómoda. ¿Algo para leer?"**（腰かけて。もっと楽になるから。何か読む？）と声をかけます。

★ファンタジーのジャンルに属する他の映画　Otra película de fantasía

『パンズ・ラビリンス』 *El laberinto del fauno* (España y México, 2006)

　市民戦争直後のスペインを舞台にしたダーク・ファンタジー。少女オフェリアが引き合わされた新しい父親は恐ろしい軍人だった。オフェリアは妖精に導かれ、地下の国の獣神と出会う。

◈ 読んでみよう **Lee y escribe**

Cervantes y *Don Quijote de la Mancha*

1. スペインを代表する小説『ドン・キホーテ』についての文章を読んで質問に答えましょう。Lee el texto y contesta a las preguntas.　◀62

> Miguel de Cervantes (1547–1616) es el autor de *Don Quijote de la Mancha*, la obra más importante de la Literatura española. Cervantes era un hombre apasionado e inteligente. Aunque su familia no tenía dinero y no le pudo dar estudios, leía mucho. Tuvo una vida llena de aventuras y dificultades. Además de escritor tuvo otros trabajos a lo largo de su vida. Fue militar y perdió la mano izquierda en la guerra, cuando solo tenía 24 años. Estuvo varias veces en la cárcel y fue allí, en 1605, cuando empezó a escribir *el Quijote*.
>
> *Don Quijote de la Mancha* es la historia de Alonso Quijano, un hombre de unos 50 años que después de leer muchos libros de caballería*, se vuelve loco y decide hacerse caballero andante** para luchar contra las injusticias del mundo. En sus aventuras le acompaña Sancho Panza, su ayudante, un campesino práctico y realista que no entiende el sueño de Don Quijote. El mensaje de la novela es que debemos luchar por nuestros sueños.
>
> El día 23 de abril de 1616 murieron oficialmente Miguel de Cervantes y William Shakespeare, por eso en esta fecha se celebra el Día Mundial del Libro.

　　　　*libros de caballería：騎士道小説　　　**caballero andante：弱き者を助ける遍歴の騎士

◆ 質問　Preguntas:

1) ¿Cómo era Cervantes?　　　　　　　2) ¿Qué le pasó cuando tenía 24 años?

3) ¿Cuál es el mensaje de esta novela?　　4) ¿Qué se celebra el 23 de abril? ¿Por qué?

2. 1) 〜 5) は『ドン・キホーテ』の中に出てくることわざのいくつかです。接続法または命令形の動詞に下線を引き、a) 〜 e) の意味と結びつけましょう。Subraya el subjuntivo o el imperativo en cada refrán y relaciona con su significado.

1) No hay refrán que no sea verdadero.
2) No hay mal que dure cien años.
3) Aunque la mona se vista de seda, mona se queda.
4) En 13 y martes, ni te cases ni te embarques.
5) Cuando seas padre, comerás huevos.

a) No hagas cosas importantes en 13 y martes.
b) De jóvenes no es posible hacer algunas cosas.
c) Las cosas malas no son para siempre.
d) Todos los refranes dicen la verdad.
e) No podemos cambiar nuestras características.

3. 外国人に紹介したい日本のことわざを探し、意味をスペイン語で説明しましょう。Ahora busca un refrán en japonés que te gustaría presentar a los extranjeros y explica su significado.

色々な依頼表現　Expresiones de petición

1. 次の依頼表現を、もっとも丁寧なものから順に番号を書き入れましょう。Ordena las siguientes expresiones de petición de acuerdo con su formalidad.

(　) Llévame hasta la estación.

(　) Te agradecería mucho que me llevaras* hasta la estación.

(　) ¿Puedes llevarme hasta la estación?

(　) ¿Me llevas hasta la estación?

(　) ¿Podrías llevarme hasta la estación?

(　) ¿Te importa llevarme hasta la estación?

> * llevaras は llevar の接続法過去 2 人称単数。agradecería が
> 過去未来なので時制の一致によって接続法過去が現れる。

2. 適切な語を選び、音声で確認しましょう。Elige la palabra correcta y confirma con el audio.　◀63

1) Oye, Alfonso. ¿Te (puedes / importa) cuidar a mi perro este fin de semana? Es que (tengo / voy) que ir a ver a mi abuela. —Claro que no. No hay problema. Te (la / lo) cuidaré en mi casa.

2) Señora, ¿(importa / podría) hacernos una foto, por favor? —Claro. Ya está. ¿(las / les) hago una más?

色々な提案の表現　Expresiones para hacer propuestas

1. 1) ～ 6) と a) ～ f) を結びつけて提案の表現を完成させましょう。Relaciona estas oraciones.

1) ¿Te parece bien que　　　　　　　　a) ir en taxi.

2) Podríamos　　　　　　　　　　　　b) no vamos en taxi?

3) ¿Qué te parece si　　　　　　　　　c) vayamos en taxi?

4) ¿Por qué　　　　　　　　　　　　d) si vamos en taxi?

5) ¿Y　　　　　　　　　　　　　　　e) a ir en taxi.

6) Vamos　　　　　　　　　　　　　f) vamos en taxi?

◀64

2. 適切な語を入れて会話を完成させ、音声で確認しましょう。Completa, después escucha y confirma.

1) ¡Qué hambre tengo! ¿(　　　　　　　) te parece (　　　　　　　) entramos en aquel restaurante y comemos algo? —Mira, todavía es temprano. (　　　　　　　) a comer luego, cuando lleguemos a casa.

2) ¿Dónde quedamos mañana? ¿Te parece bien que (　　　　　　　) en la estación? —Bueno... ¿Por qué (　　　　　　　) nos vemos delante del cine?

	直説法現在	直説法点過去	直説法線過去	直説法未来
hablar 話す 現在分詞 hablando 過去分詞 hablado	hablo hablas habla hablamos habláis hablan	hablé hablaste habló hablamos hablasteis hablaron	hablaba hablabas hablaba hablábamos hablabais hablaban	hablaré hablarás hablará hablaremos hablaréis hablarán
comer 食べる 現在分詞 comiendo 過去分詞 comido	como comes come comemos coméis comen	comí comiste comió comimos comisteis comieron	comía comías comía comíamos comíais comían	comeré comerás comerá comeremos comeréis comerán
vivir 住む、生きる 現在分詞 viviendo 過去分詞 vivido	vivo vives vive vivimos vivís viven	viví viviste vivió vivimos vivisteis vivieron	vivía vivías vivía vivíamos vivíais vivían	viviré vivirás vivirá viviremos viviréis vivirán
dar 与える 現在分詞 dando 過去分詞 dado	*doy* das da damos *dais* dan	*di* *diste* *dio* *dimos* *disteis* *dieron*	daba dabas daba dábamos dabais daban	daré darás dará daremos daréis darán
decir 言う 現在分詞 *diciendo* 過去分詞 *dicho*	*digo* *dices* *dice* decimos decís *dicen*	*dije* *dijiste* *dijo* *dijimos* *dijisteis* *dijeron*	decía decías decía decíamos decíais decían	*diré* *dirás* *dirá* diremos diréis dirán
estar ～である 現在分詞 estando 過去分詞 estado	*estoy* *estás* *está* estamos estáis *están*	*estuve* *estuviste* *estuvo* *estuvimos* *estuvisteis* *estuvieron*	estaba estabas estaba estábamos estabais estaban	estaré estarás estará estaremos estaréis estarán
haber ～がある、［助動詞］ 現在分詞 habiendo 過去分詞 habido	*he* *has* *ha; hay* *hemos* habéis *han*	*hube* *hubiste* *hubo* *hubimos* *hubisteis* *hubieron*	había habías había habíamos habíais habían	*habré* *habrás* *habrá* *habremos* *habréis* *habrán*
hacer する、作る 現在分詞 haciendo 過去分詞 *hecho*	*hago* haces hace hacemos hacéis hacen	*hice* *hiciste* *hizo* *hicimos* *hicisteis* *hicieron*	hacía hacías hacía hacíamos hacíais hacían	*haré* *harás* *hará* *haremos* *haréis* *harán*
ir 行く 現在分詞 *yendo* 過去分詞 ido	*voy* *vas* *va* *vamos* *vais* *van*	*fui* *fuiste* *fue* *fuimos* *fuisteis* *fueron*	*iba* *ibas* *iba* *íbamos* *ibais* *iban*	iré irás irá iremos iréis irán

直説法過去未来	肯定命令（2人称）	接続法現在	接続法過去 -ra	同じ活用の動詞
hablaría		hable	hablara	
hablarías	habla	hables	hablaras	
hablaría		hable	hablara	AR 動詞規則活用
hablaríamos		hablemos	habláramos	
hablaríais	hablad	habléis	hablarais	
hablarían		hablen	hablaran	
comería		coma	comiera	
comerías	come	comas	comieras	
comería		coma	comiera	ER 動詞規則活用
comeríamos		comamos	comiéramos	
comeríais	comed	comáis	comierais	
comerían		coman	comieran	
viviría		viva	viviera	
vivirías	vive	vivas	vivieras	
viviría		viva	viviera	IR 動詞規則活用
viviríamos		vivamos	viviéramos	
viviríais	vivid	viváis	vivierais	
vivirían		vivan	vivieran	
daría		dé	diera	
darías	da	des	dieras	
daría		dé	diera	
daríamos		demos	diéramos	
daríais	dad	deis	dierais	
darían		den	dieran	
diría		diga	dijera	
dirías	di	digas	dijeras	
diría		diga	dijera	
diríamos		digamos	dijéramos	
diríais	decid	digáis	dijerais	
dirían		digan	dijeran	
estaría		esté	estuviera	
estarías	está	estés	estuvieras	
estaría		esté	estuviera	
estaríamos		estemos	estuviéramos	
estaríais	estad	estéis	estuvierais	
estarían		estén	estuvieran	
habría		haya	hubiera	
habrías	he	hayas	hubieras	
habría		haya	hubiera	
habríamos		hayamos	hubiéramos	
habríais	habed	hayáis	hubierais	
habrían		hayan	hubieran	
haría		haga	hiciera	
harías	haz	hagas	hicieras	
haría		haga	hiciera	
haríamos		hagamos	hiciéramos	
haríais	haced	hagáis	hicierais	
harían		hagan	hicieran	
iría		vaya	fuera	
irías	ve	vayas	fueras	
iría		vaya	fuera	
iríamos		vayamos	fuéramos	
iríais	id	vayáis	fuerais	
irían		vayan	fueran	

	直説法現在	直説法点過去	直説法線過去	直説法未来
pedir 求める 現在分詞 *pidiendo* 過去分詞 pedido	*pido* *pides* *pide* pedimos pedís *piden*	pedí pediste *pidió* pedimos pedisteis *pidieron*	pedía pedías pedía pedíamos pedíais pedían	pediré pedirás pedirá pediremos pediréis pedirán
poder 〜できる 現在分詞 *pudiendo* 過去分詞 podido	*puedo* *puedes* *puede* podemos podéis *pueden*	*pude* *pudiste* *pudo* *pudimos* *pudisteis* *pudieron*	podía podías podía podíamos podíais podían	*podré* *podrás* *podrá* *podremos* *podréis* *podrán*
poner 置く 現在分詞 *poniendo* 過去分詞 *puesto*	*pongo* pones pone ponemos ponéis ponen	*puse* *pusiste* *puso* *pusimos* *pusisteis* pusieron	ponía ponías ponía poníamos poníais ponían	*pondré* *pondrás* *pondrá* *pondremos* *pondréis* *pondrán*
querer 欲する 現在分詞 queriendo 過去分詞 querido	*quiero* *quieres* *quiere* queremos queréis *quieren*	*quise* *quisiste* *quiso* *quisimos* *quisisteis* *quisieron*	quería querías quería queríamos queríais querían	*querré* *querrás* *querrá* *querremos* *querréis* *querrán*
saber 知っている 現在分詞 sabiendo 過去分詞 sabido	*sé* sabes sabe sabemos sabéis saben	*supe* *supiste* *supo* *supimos* *supisteis* *supieron*	*sabía* *sabías* *sabía* *sabíamos* *sabíais* *sabían*	*sabré* *sabrás* *sabrá* *sabremos* *sabréis* *sabrán*
ser 〜である 現在分詞 siendo 過去分詞 sido	*soy* *eres* *es* *somos* *sois* *son*	*fui* *fuiste* *fue* *fuimos* *fuisteis* *fueron*	*era* *eras* *era* *éramos* *erais* *eran*	seré serás será seremos seréis serán
tener 持つ 現在分詞 *teniendo* 過去分詞 tenido	*tengo* *tienes* *tiene* tenemos tenéis *tienen*	*tuve* *tuviste* *tuvo* *tuvimos* *tuvisteis* *tuvieron*	tenía tenías tenía teníamos teníais tenían	*tendré* *tendrás* *tendrá* *tendremos* *tendréis* *tendrán*
venir 来る 現在分詞 *viniendo* 過去分詞 venido	*vengo* *vienes* *viene* venimos venís *vienen*	*vine* *viniste* *vino* *vinimos* *vinisteis* *vinieron*	venía venías venía veníamos veníais venían	*vendré* *vendrás* *vendrá* *vendremos* *vendréis* *vendrán*
ver 見る、見える 現在分詞 *viendo* 過去分詞 *visto*	*veo* ves ve vemos *veis* ven	*vi* viste *vio* vimos visteis vieron	*veía* *veías* *veía* *veíamos* *veíais* *veían*	veré verás verá veremos veréis verán

直説法過去未来	肯定命令（2人称）	接続法現在	接続法過去 -ra	同じ活用の動詞
pediría		*pida*	*pidiera*	medir
pedirías	pide	*pidas*	*pidieras*	repetir
pediría		*pida*	*pidiera*	servir
pediríamos		*pidamos*	*pidiéramos*	vestir
pediríais	pedid	*pidáis*	*pidierais*	
pedirían		*pidan*	*pidieran*	
podría		*pueda*	*pudiera*	
podrías	puede	*puedas*	*pudieras*	
podría		*pueda*	*pudiera*	
podríamos		podamos	*pudiéramos*	
podríais	poded	podáis	*pudierais*	
podrían		*puedan*	*pudieran*	
pondría		*ponga*	*pusiera*	oponer
pondrías	*pon*	*pongas*	*pusieras*	proponer
pondría		*ponga*	*pusiera*	suponer
pondríamos		*pongamos*	*pusiéramos*	
pondríais	poned	*pongáis*	*pusierais*	
pondrían		*pongan*	*pusieran*	
querría		*quiera*	*quisiera*	
querrías	quiere	*quieras*	*quisieras*	
querría		*quiera*	*quisiera*	
querríamos		queramos	*quisiéramos*	
querríais	quered	queráis	*quisierais*	
querrían		*quieran*	*quisieran*	
sabría		*sepa*	*supiera*	
sabrías	sabe	*sepas*	*supieras*	
sabría		*sepa*	*supiera*	
sabríamos		*sepamos*	*supiéramos*	
sabríais	sabed	*sepáis*	*supierais*	
sabrían		*sepan*	*supieran*	
sería		*sea*	*fuera*	
serías	*sé*	*seas*	*fueras*	
sería		*sea*	*fuera*	
seríamos		*seamos*	*fuéramos*	
seríais	sed	*seáis*	*fuerais*	
serían		*sean*	*fueran*	
tendría		*tenga*	*tuviera*	contener
tendrías	*ten*	*tengas*	*tuvieras*	obtener
tendría		*tenga*	*tuviera*	mantener
tendríamos		*tengamos*	*tuviéramos*	sostener
tendríais	tened	*tengáis*	*tuvierais*	
tendrían		*tengan*	*tuvieran*	
vendría		*venga*	*viniera*	convenir
vendrías	*ven*	*vengas*	*vinieras*	
vendría		*venga*	*viniera*	
vendríamos		*vengamos*	*viniéramos*	
vendríais	venid	*vengáis*	*vinierais*	
vendrían		*vengan*	*vinieran*	
vería		*vea*	*viera*	
verías	ve	*veas*	*vieras*	
vería		*vea*	*viera*	
veríamos		*veamos*	*viéramos*	
veríais	ved	*veáis*	*vierais*	
verían		*vean*	*vieran*	

著者紹介

四宮瑞枝（しのみや・みずえ）

落合佐枝（おちあい・さえ）

Paloma Trenado Deán

アクシオン！《ライト版2》ステップアップ編

2023 年 2 月 1 日　印刷
2023 年 2 月 10 日　発行

著　者 ©　　四　宮　瑞　枝
　　　　　　落　合　佐　枝
　　　　　　Paloma Trenado Deán
発行者　　及　川　直　志
印刷所　　株 式 会 社 梨 本 印 刷

発行所 101-0052 東京都千代田区神田小川町 3 の 24
　　　　電話 03-3291-7811（営業部）, 7821（編集部）　株式会社 白水社
　　　　www.hakusuisha.co.jp
　　　　乱丁・落丁本は、送料小社負担にてお取り替えいたします。

振替 00190-5-33228　　　　Printed in Japan　　　　株式会社島崎製本

ISBN978-4-560-09957-5

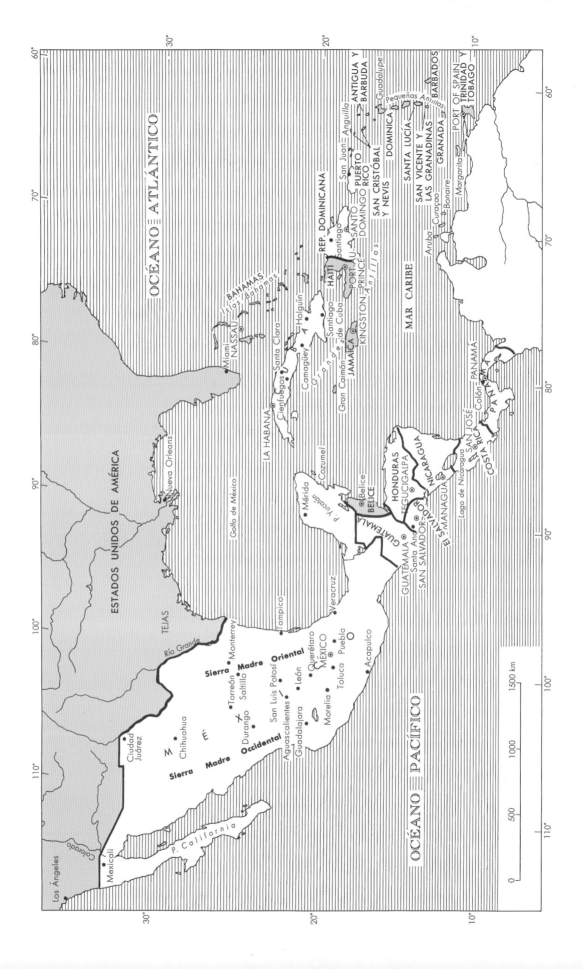